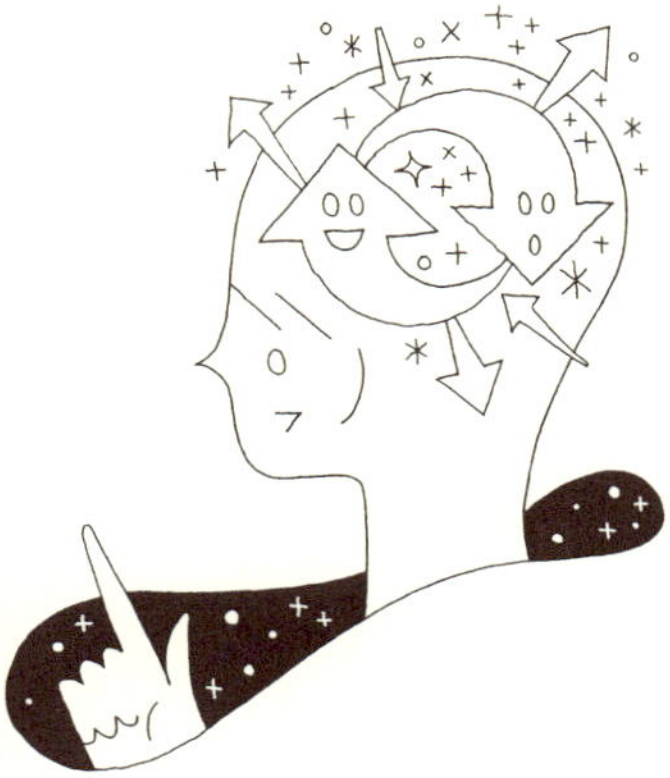

言葉ひとつでセラピーの効果が
劇的に変わる!

# 悩みの9割は「言い換え」で消せる

## 発想転換ワークブック


国際メンタルセラピスト協会編
(株)ジェイ・コミュニケーションアカデミー
監修:治面地 順子



BAB JAPAN

あなたは「ことば」で
作られています

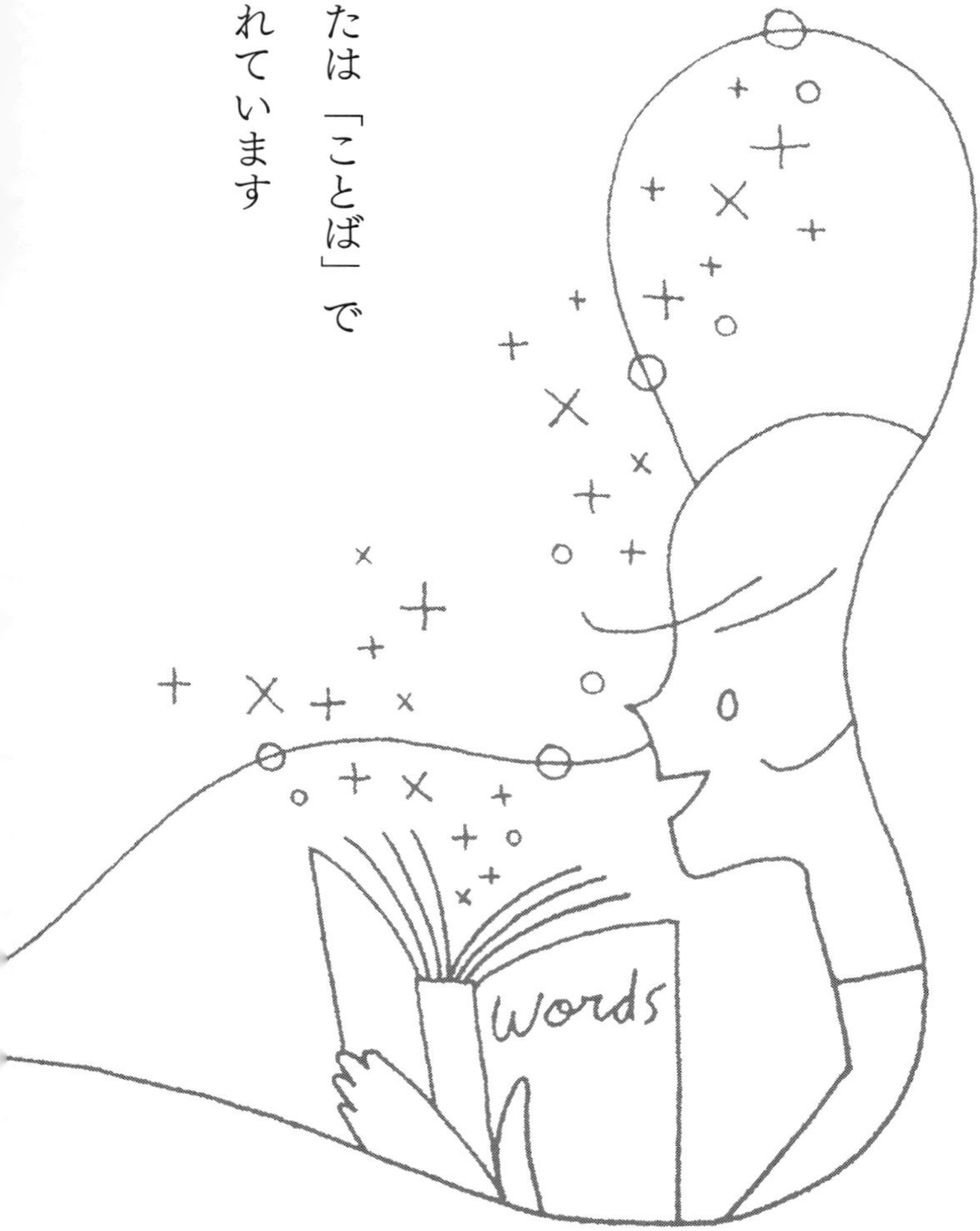

あなたの身体が
毎日の食べ物で作られているように
あなたの「感じ方」も「考え方」も
「ことばの習慣」で作られています

ことばを換えると
生き方が変わる！
だから……
「あなた」がことばを
創って下さい

# はじめに

今朝、あなたが目覚めた時に思い浮かんだ「ことば」はなんでしたか？

「ことば」ははっきり覚えていなくても、前日に楽しいことがあったあなたは、「よし！今日も」という気持ちで目覚めたかもしれません。

気になる問題を抱えているあなたは、少しもやもやした気分だったでしょうか。すっきり切り替えて起きられましたか？

あなたは過去に、どんな「言葉の贈り物」を受け取り、あるいは「言葉で傷ついた」ことがあるでしょうか。そして、あなたが頭の中で、常につぶやいているのはどんな「言葉」でしょうか？

「言葉には力がある」そう聞いたことのある方も多いことでしょう。

人は言葉によって癒され、守られていると感じ、勇気づけられますが、一方では、言葉によって傷つき、やる気を失うことも多々あります。

残念なことに、他者を自殺に追いやるのも、さまざまな行為とともに使われる言葉です。

そんなふうに私たちは、言葉によって誤解したり、また理解し合ったりしながら日々を送っています。

そして……

「言葉には力がある」というので、「ほめ言葉を使っているのにちっとも通じない」と思っている方、「言葉が大事だというから、アファメーションと呼ばれる『前向き』のことばを唱えているのに、なんだか効かない」という方もいます。それは果たしてなぜなのでしょうか？

それは、言葉には「メカニズム」があるからなのです。

でも安心して下さい。
この本では難しい理論も、専門用語も使っていません。
「言葉のやりとり」に焦点をあて、ちょっとした言葉の言い換えが相手の心や人間関係にどのような影響を与えているのかを見直し、参考にしていただける考え方で編集しました。

章のタイトルに、「○○症候群」と名づけたのは、人は「成長過程で刷り込まれた」といわれる「既成概念」や「自己規定」、「言葉の感じ方」や「物事の考え方」に左右されているという前提からです。

あなたがセラピストならば、クライアントの中には、過去を振り返って「原因（犯人）」を探し続け、それに捕われて前に進めない方や、あまりにも「自分の内面」にフォーカスしすぎてうまくいかない理由を探し続ける方もいるのではないでしょうか。

ぜひあなたも「言葉のちから」がどんな作用を持ち、どんな影響を及ぼしているのか、言葉の後ろに働いている背景を理解しながら「発想を転換」し、相手を想像する能力を高めて、「言葉の使い手」になって下さい。

果たして、あなたがほんとうに使いたい言葉はでしょうか？
そしてどんな影響を、与えられたらいいですか？

この本は、「メンタルセラピー」の「自分の考え方や言葉の習慣を換えていく」という原点を、いかにより深い他者とのコミュニケーションに役立てていくかという視点で、多数のクライアントとのセッションの実例を元に書かれています。

たくさんの個人を対象とした「癒し」の専門家であるあなたに、そっと手渡したいと考えて作り上げた贈り物です。

# CONTENTS

はじめに　4

その1 ヒント　**言葉があなたを作っている**　11

人は「言葉」でものを考え、「言葉」で感情を表し、「言葉」で意志を伝えています。普段使っている言葉がどんなふうにその人を表わしているのかを参照して下さい。

言い換えワーク①〜⑤　24

その2 ヒント　**自分を愛せない症候群**　35

「心の闇」ってほんとうにあるの？　自分の言葉で説明できるでしょうか。誰かが作った言葉を安易に使って「記憶」を強化していないでしょうか。

言い換えワーク⑥〜⑩　44

その❸ヒント　ネバならない症候群　57
人々を縛り付けている「言葉の習慣」からの解放のヒントです。
言い換えワーク⑪～⑫　74

その❹ヒント　過去へのこだわり症候群　83
「潜在意識に刷り込まれた過去」「心の闇」「負の連鎖」など、言葉の呪縛から抜け出せない人々への言葉の対処法です。
「それは繰り返された記憶に過ぎない」という理解を持ってもらいます。
言い換えワーク⑬～⑯　102

その❺ヒント　病気の問屋症候群　111
心と身体が不一致を起すのも言葉の使い方。言葉が身体を癒します。
言い換えワーク⑰～⑱　128

その6 ヒント 他者への反応症候群 137
他者からの言葉に過剰に反応してしまう習慣の改善を計ります。
言い換えワーク⑲〜㉒ 158

その7 ヒント 未来を憂う症候群 169
毎日考えていることの多くが「取り越し苦労」です！
未来を明るくするのも言葉の書き換えで可能です。
言い換えワーク㉓〜㉔ 190

おまけのヒント 高齢者と、その家族との対話 196

おわりに 210

言い換えヒント

その1

# 言葉があなたを作っている

# ヒントその1 言葉があなたを作っている

あなたはこれまでに誰から言葉の影響を受け、どんな言葉に反発を感じ、どんな言葉に共鳴してきたでしょうか？

あなたのお仕事がセラピーやカウンセリングの場合、学んで意識的に使った言葉が、自分ではそのつもりがないのに、クライアントから「上から目線」だと受け取られたことはありませんでしたか？

あるいはまた、ふとしたあなたの言葉に「ありがとう」と嬉しそうに返された時、仕事冥利を感じたこともあったのではないでしょうか。

子供のころから無意識に「刷り込まれた言葉」が、その後の生き方、考え方に与える影響については、以前から様々な指摘がなされています。

「～すべき」や「～が正しい」に縛られて、「人には伝わらない」「わかってもらえない」

という感情で、考え方まで落ち込んでしまう人。

「刷り込み」が原因とわかっても、長年の習慣を変える方法や、伝わる言葉が見つからず、他者の言葉に傷つき、自分を責めてしまう人。

その結果、長年のストレスからくる身体の不調や、「うつ」や「新型うつ」と呼ばれる症候群も生み出されています。

このような傾向については、心理学、社会学、歴史的な観点からの分析もあります。また、対処法としてメンタル面からのアプローチや身体的アプローチなども数多くあります。

この本は、「悩みの9割は『言い換え』で消せる」のタイトルどおり、あなたが使う言葉が、セラピーやカウンセリング、また接客にも有効に働くことを目的としています。

単にネガティブな言葉をポジティブに変えるのではなく、また顧客に耳触りのよいマニュアルでもなく、根拠を持って言葉を換えていくプロセスを楽しみながら練習することができます。
言葉が有効に働かない理由の多くは、誰でもが固有に持っている言葉への感情や先入観、そして「解釈の違い」があげられます。

また、話し手が聴き手に与える影響は、

**1番目　態度（身振り手振り、しぐさ、表情）**
**2番目　音声（声の調子、声の質、テンポ）**
**3番目　言語（言葉遣い、話の内容）**

というように、言語外で大きく影響を与えるものもあります。

それを踏まえて、この本ではあえて「言語」という「人と人とをつなぐ道具」を、より有効に使うための根拠として、

## !「本当に大事なことは、自分が物事をどう捉えるかだ」

という認識を下敷きに考えていきます。

それによって、クライアントが発する言葉や、その言葉の背景に注目しながら、言葉による思考の方向づけをサポートできます。

言葉が「諸刃の剣」とはよく言われることですが、気を使って話していても、通じていない、伝わっていないことがあります。

その原因の多くは、「自分が物事をどう捉えるかの根拠を持つ」という「訓練」をする機会がないまま成長してきた人々の増加にあるように思われます。ここは、ヒントその5に詳しく書いてあります。

例えば、「周囲から刷り込まれてきた考え方の習慣が自分を苦しめてきた」という「考え方」を知った時、「そうか、今まで自分は苦しい考え方をしてきたから、楽な考え方をすればいいんだ」と気づくことは、一種の開放感に繋がります。

確かに「～すべきだ」や「～しなければいけない」という管理的な親の元で育ったケースでは、「自分の考えで自分の生き方を決める」ことに目覚めることで自信を持つことに繋がります。

しかし厄介なのは、子どもの頃から「自分の考えを持ちなさい」と言われながら、その実、それは周囲が要求している常識や規範内でないと認められないというダブルスタンダードの環境も多く見られることです。

その場合、親もまた、「実は自分の価値観を押しつけている」ということに気づいていないので、主観的に考えることと客観的に物事を観る指針が持てない思考回路を育ててしまうのです。

**この「発想転換ワークブック」で行う「言い換え」は、これまで行っていた「言葉の使い方」と「その解釈」を見直し、新たに「柔軟な表現」を見いだし、身につけていただくためのものです。**

言葉の原理原則に従って、日常の言葉を「伝わる言葉」「効果的な言葉」に変換していくと同時に「感じ方」から「考え方」に到る意識プロセスの練習、思考回路の書き換えでもあります。

## ！つまり、「わかる」から「できる」への道程《プロセス》です。

「頭ではわかっているつもりなのに、どうしてできないのでしょう？」というクライアントへの効果的な働きかけです。

メンタル関連の講座を行っているときに、よく感じることがあります。
それは受講者が「答えを知っていても理解をしていない」ということです。
あるいは、せっかくの新しい概念を、自分の過去の知識や記憶で「翻訳」してしまって、理解したつもりになっていることが多いのです。

生まれたばかりの赤ちゃんは、とにかく何でもそのままインプットしますが、大人はなまじ知識があり情報も氾濫しているために、かつて自分が受け入れた概念や意味に、無意識に置き換える（翻訳する・当てはめてしまう）という作業をしていることがあります。

例えば「自分はいくらでも変われる、変えられる」という考え方は、生育歴や親の育て方を「刷り込まれてきた」という考え方からすれば、自由で自分らしい発想のように感じられます。しかしこの言葉を、言葉どおり「自分を変える」と受け取っている人が多いようです。

「自分を変える」とはどういうことでしょうか？　これって実は**「変えなくてはなら**

**ない自分がいる」＝「自己否定の言葉」**なのです。

だからいつのまにか「自分を変えなくちゃ。変わらなくちゃいけないのに変われない」と、以前と同じ外側からの「刷り込み」を自らにしていることになってしまいます。

もう少し理解度の高い方は「自分を変えるのではない、自分の習慣や考え方を変えればいいのだ」と考えることができます。

しかし長年無意識に繰り返してきた「感じ方の習慣」「考え方の習慣」を変えることは難しいと感じている方は多く、例えば「自分らしく生きる！」「自分の思い通りに人生を変える！」「楽に考えよう！」「自分が大好き」と自分で自分言い聞かせても、現実はなかなか変わりません。

なぜなら、前者よりも「理解度」は深くても、まだ本当の意味を「把握」していないからです。

では、実際にわかるから、できるまでのプロセスとはなんでしょうか？

次の4項目は、「わかる」と「できる」の間を埋めるプロセスです。

## ！「わかる」から「できる」への道程《プロセス》。学びから体得へ

**その1** 情報を知る。
**その2** 理解する。
**その3** 把握する。
**その4** 実行し、応用する。

この４段階を新しい習慣にするには、なんといっても「反復練習」です。

「言葉の言い換え」が効果を持つために、まずは、あなた自身が知識として学んだことや他者との関わりの中で、この４段階を踏みながら解釈をしているかをチェックしてみて下さい。

クライアントからの訴えを、このプロセスを踏んで対話をしてみて下さい。

ぐっとセラピーのレベルがあがるはずです。

クライアントに対して、「良いアドバイスをしたはずなのに」「ちゃんと伝えたはずなのに」伝わっていないと感じたら「聴き手の理解度」は一旦横において、まず自分の側の4点をチェック・ポイントにしてみて下さい。

**「伝わっていない」という場合は、この4つを踏まえないで、「自分の解釈で一所懸命説明」しようとしているケースが多いのです。**

この本では、各章毎に例題を言い換えてみる「言い換えワーク」のページがあります。まずあなたの考えで、「書き換えて」いただく練習です。ページの最後にこの本の考え方に沿った「言い換え」が書いてありますが、答えをみる前に、自分ならなんと言い換えるかを考えて下さい。

またこの本の中にある言い換えは、決して「唯一の正解」ではありません。あくまでも〝この4つのプロセスを踏んでみるとどうなるか〟という練習のつもりで応用し、あなた自身が言葉を作って行くためのヒントとしてお役立て下さい。

赤ちゃんが膨大な「インプット情報」を「アウトプット」をすることで徐々に会話が成り立ちはじめるのと同じように、「わかったこと」は、アウトプットすることで相手に伝わり、初めて「できたこと」になります。

大人が赤ちゃんよりも大変なのは、まっさらのキャンバスに書き込むのではなく、脳はすでにたくさんの「思考回路」で結ばれている上、「感情」という「反応機能」を持っているからです。まずはこの本から新たな「コツ」を掴み、「通じる」「伝わる」実感の幅を広げて行って下さい。

memo

普通の会話でも、ひとつの情報に対して、相手があなたと同じように感じたり、考えたりする訳ではないのは誰もがわかっていることですが、心身の不調を抱えたり、無意識に自己否定のループにはまっている方の場合は、感情のレセプター（受容体）が、通常以上に「過敏」になっている場合が多いので、言葉の選び方が大切です。相手の存在を受け入れて、役に立ちたいという気持ちでのぞんで下さい。

## 言い換えワーク①

就職活動中のクライアントが暗い顔をしてあなたに会いに来ました。

**クライアント「また面接で失敗しました……」**

4つのプロセスを踏まえて、この言葉をどのように「言い換え」ますか？

**「発想転換ワークブック」の答え〈4つのプロセス〉**

**情報を知る**

「失敗した」という情報を訴えています。

**理解する**

気持ちが落ち込んでいるのは失敗したことに焦点をあてているからだと理解します。「どうして」の問いは、批判的な要素を含み、「他人と比べて私は」という善悪の感情を持たせてしまいます。

**把握する**

「失敗」を把握するということは、否定的に捉えないで「体験のひとつ」と考えることです。

**実行し、応用する**

今回の体験を、次にどうすればよいかの糧として考えられるように導きます。

セラピスト　**「おや、またひとつ大きな体験をしましたね。どうやって次の面接に役立てましょうか？」**

## 言い換えワーク②

不眠を訴えていたクライアントが電話をしてきました。

**クライアント　「今朝も寝坊をしてしまって……上司には電話して、今、会社に向かっていますが」**

4つのプロセスを踏まえて、この言葉をどのように「言い換え」ますか?

**「発想転換ワークブック」の答え〈4つのプロセス〉**

**情報を知る**

「うまくいかなかった」ことを訴えています。

**理解する**

「寝坊した」に焦点を合わせると、電話し、会社に向かっているという「できた」ことの意味が薄れてしまいます。

**把握する**

「失敗」そのものが悪いのではなく、繰り返さないことが大事ということ、また、前よりできていることのほうに着目します。

**実行し、応用する**

失敗を繰り返さない習慣に導きます。

**セラピスト** 「上司に電話をして会社に向かっているなんて、素敵ですね。以前なら行くのを諦めていませんでしたか？」

## 言い換えワーク③

結婚してからうつ症状になったというクライアントです。

**クライアント 「今の家に嫁いできてからうつになりました。家業が嫌いです。結婚前の自分に戻りたい！」**

4つのプロセスを踏まえて、この言葉をどのように「言い換え」ますか？

### 「発想転換ワークブック」の答え〈4つのプロセス〉

**情報を知る**

「嫁いできた」という発想は間違い〈現在は家族婚ではないので〉。クライアントが他者のせいにしたいと知ります。

**理解する**

自分が「作っている理由」から、それを感じているのは、クライアント自身だと理解します。

**把握する**

「嫁いできた」という意味が実際は何をさしているのかを、具体的に話し合って把握します。

**実行し、応用する**

クライアントが「どうなっていきたいか」を、明確にしながら、仕事の仕方や人間関係の距離をつかめるように導きます。

**セラピスト** **「過去に戻ることはできないので、まず、あなたがどうなることが幸せかを、考えてみませんか?」**

## 言い換えワーク④

自分と他者を常に比較して苦しんでいるクライアントです。

**クライアント「上司から毎日のように嫌みや皮肉を言われます。他の同僚みたいに受け流せません。僕には辞めろと言われているような気がして……」**

4つのプロセスを踏まえて、この言葉をどのように「言い換え」ますか？

**「発想転換ワークブック」の答え〈4つのプロセス〉**

**情報を知る**

上司への感情の反応と、同僚と同じようにできないという、二重苦が混ざっています。

**理解する**

まず、上司に対する感情と、同僚と比較するクセを別々に自覚するよう促します。

**把握する**

この場合、自分の感情の反応が、どこからきているのかを辿ってみるのも有効です。

**実行し、応用する**

過去の感情と決別して、これから「どうなっていきたいか」を言葉にできるように導きます。

**セラピスト「『受け流せない』のが問題なのではなくて、あなた自身が怯えなくて済む方法を考えませんか？」**

## 言い換えワーク⑤

感情を押え込んできたために、不定愁訴で悩んでいるクライアントです。

**クライアント　「夫からずっと感情を抑え込まれてきたので、もうこれ以上頑張りたくても頑張れません！」**

４つのプロセスを踏まえて、この言葉をどのように「言い換え」ますか？

**「発想転換ワークブック」の答え〈４つのプロセス〉**

**情報を知る**

「抑え込まれた」ように感じているのは、「クライアントの感情」、感じ方の問題です。

**理解する**

頑張り方が、これまでどおりである必要はないということ、「感じ方」を「考え方」に転換することがポイントです。

**把握する**

クライアントは、それしかないと思って相手に合わせてきたのだという思考のクセを把握します。クライアントを、相手の表現方法を変えることはできないという理解へ導き、「伝え方」を一緒に考えます。

**実行し、応用する**

把握したことを踏まえて、言葉の使い方や表現方法の多様性を伝えます。

**セラピスト**　「感情を『抑え込む』のをやめて『感情の出し方』を見直していきませんか？　難しいと思いますか？　いいえ、難しいのではなくて、まだやったことがないだけです。一緒に考えて行きましょう」

言い換えヒント

その2

# 自分を愛せない症候群

# ヒントその2 自分を愛せない症候群

答えや解決の糸口は本人の中にあります。

セラピストやカウンセラーはそれをサポートする役割で、自分の知識や価値観でクライアントにアドバイスをしません。

そうは言っても、あなた自身もすべて自分で考え出した答えで生きてきてはいませんね。様々なことを参考にしてきました。

それに、心身に不調を感じる人は、まずは論理よりも感情、感覚をあなたに訴えてくることでしょう。

例えば「自分がきらい」「自分を愛することができない」というように。

そもそも「自分を愛せない」ってどういうことでしょうか。

この場合も、「自分のことすら愛することができないなんていけないこと」という自己否定になってしまっていると思いませんか？

悩んでいる方は、自分のことをわかって欲しいという無言のメッセージや、認めて欲しいという欲求を抱えてセラピストのもとを尋ねます。

多くの場合、自分の身近な人に相談したいと思っても、返ってくる答えが予想できるとか、本当の気持ちが分かってもらえないという体験を繰り返している場合も多く見受けられます。

さらにはその身近な人々が一番、クライアントの不安やストレスを引き起こす存在である場合も少なくありません。

クライアント本人が訴えていることと、本人の周囲の人たちの食い違い、行き違いも多くみられます。

家族や友人、同僚なども、よかれと思い、思いやりを持って接しているつもりでも、相手にそれが届かないケースもあるでしょう。

本人は自分の苦しさのあまり、他人からすると、甘えやわがままとしか見えないことでも周囲を振り回し続けます。周囲も言いなりになったり、強く押さえつけたりの繰り返しで、やがて対応し切れなくなり、専門家を頼らざるを得ないというケースもあります。

**「自分を愛せない」というのは、実は身近な人々とのコミュニケーションがうまくとれないということです。自分が愛されていないのではないか、必要とされていないのではないか、嫌われてしまうのが怖い、惨めに感じてしまうということ**です。

その裏返しとして、自分にフォーカスした訴えかたしか知らないと受け止めることもできます。

だからといって、それを指摘することで改善されるものではありませんし、本人も周囲もそれぞれに「自分の側ばかりが相手に合わせている」と感じるのもストレスのもと、長続きはしません。

## ?「心の闇」ってほんとうにあるの?

安易に使われている「心の傷」とか「心の闇」という言葉も、使っている人の中で実際にそれがどんなものであるかを「自分の言葉」で説明できる人はどのくらいいるのでしょうか。

自分の言葉で「解釈」をしないまま、「なんとなく」これらの言葉を使うことで納得しようとしているに過ぎないとは思いませんか。

「なんとなく」というのは、実は**「自分が物事をどう捉えるか」**を放棄した状態、自分で考えるよりも、他者の言葉に影響されることを無意識に受け入れてしまっている状態です。

それよりも、こんな捉え方（解釈）をしてみてはどうでしょうか？

怪我や手術で、身体を縫ったことがある方は多いと思います。

その場合、確かに「傷跡」は身体に残ります。

でも、その跡を何年もたってから触ってみて「痛む」でしょうか？

心は切ったわけでも縫ったわけでもないのに、どうしてそれが「悪さ」をするのでしょうか。自分を苦しめるのでしょうか。

誰が、いつ、心を「闇」の中に閉じ込めたのでしょうか？

それは単に「ある表現の記憶」に過ぎないと考えてみませんか。

「なんとなくあるもの」として、何度も記憶に蘇らせることによって、いかにも実体があるように感じてしまう記憶です。

ただしきちんと形になったものではないので、「なんとなく不安」の対象として記憶に染みついてしまう。

講座中にこの話をした時、「本当ですね！　自分はアトピーだったのでよくわかります！いつでも気になって自分でいじったり触ったりしている時には治らず、治った時には忘れていました。いや、忘れたら治ったのかもしれません」と言った受講者がいました。

**「記憶」は変えることができます。**

**いいえ、むしろ記憶は無意識に変えられて蓄積されているのです。**

長いこと会わなかった兄弟姉妹や家族、親族、または古い友達と昔の話をしていて、同じ思い出話のはずが、記憶が食い違っているという体験をしたことはありませんか？

どうも人は「自分に都合良く」記憶を改ざんすることができるようです。さらに忘れるということで、辛い記憶から自分を守っている場合もあります。

それなのに、「自分を愛せない」とか「心の傷」「心の闇」という記憶を、何度もリフレインして脳に記憶させることで自分を苦しめてしまいます。

「自分を愛せない」という人の特徴には、様々な情報を自分の内部に取り込んで「あれでもない、これでもない」と自分を見定めることに疲れている様子が見られます。人間は多様です。ネガもポジも抱えこんでいるのはあたりまえ。「ネガティブに考えてはいけない！」というポジティブ信仰よりも「解釈する力」を磨きましょう。

クライアントにも、他者とコミュニケーションできたという実感を持ってもらい、気持ちのよい対話が成立している時には「自分を愛せない」なんて感情のことは思い出すこともできないと実感してもらって下さい。

その繰り返しを「身近な人」ともできるように、「言い換え」の練習を勧めてみて下さい。

memo

「自分を愛せない」というのは、自分へのこだわりの「記憶」に過ぎないと定義してみる。

自分に内向きにならずに、思考が外に向く言葉の言い換えを勧めてみましょう。

## 言い換えワーク⑥

「わからない」という理由で、自分を責めているクライアントです。

**クライアント　「夫の不機嫌の理由がわからないです。なんだかあらゆることで私が責められているように感じています」**

4つのプロセスを踏まえて、この言葉をどのように「言い換え」ますか？

**「発想転換ワークブック」の答え〈4つのプロセス〉**

**情報を知る**

夫の不機嫌を感じることは、自分が責められていると感じるクライアントの「感じ方」の問題です。

**理解する**

過去の記憶から、それが自分のせいかもしれないという、思い込みがあることを理解してもらいます。

**把握する**

「わからない」というのは、強制的に自分を惨めだと思う、自己暗示です。「他人は変えられない」という自覚の大切さを伝えます。

**実行し、応用する**

相手の顔色をうかがわない自分になりたいか、伝わる表現を身につけたいかを話し合って下さい。

**セラピスト** **「『わからない』ところに焦点をあてると、相手もわかって貰えてないと感じてしまうことがあります。不機嫌の理由を聞けるようになるといいですね」**

## 言い換えワーク⑦

あきらかに「自分」にばかり目が向いているクライアントが来ました。

**クライアント　「私、自分の性格が大っきらいで……治せますか？」**

4つのプロセスを踏まえて、この言葉をどのように「言い換え」ますか？

### 「発想転換ワークブック」の答え〈4つのプロセス〉

**情報を知る**

まず、「性格」と一括りにして自分を全否定していることに着目します。

**理解する**

かつて他者から「性格が悪い」と言われてきていることからの連鎖反応と理解し、そこは指摘しないで「嫌いなところ」を具体化します。

**把握する**

どんなことに「条件反射」して、どんな感じ方や考え方になっているかを一緒に考えるという提案をします。

**実行し、応用する**

「条件反射」的にでてくる言葉や表現を一緒に見ながら書き換えていきます。実際に紙を使うのも有効です。

**セラピスト** 「『性格』ってなんでしょう？　自分のどういうところが嫌いか、言葉にしてから換えてみませんか？」

## 言い換えワーク⑧

だれも自分をわかってくれないし、自分のことも嫌いなクライアントです。

**クライアント　「身体を壊してまで働いています。夫が全く頼りないので」**

４つのプロセスを踏まえて、この言葉をどのように「言い換え」ますか？

**「発想転換ワークブック」の答え〈４つのプロセス〉**

**情報を知る**

理由は「自分が働かないと食べて行けない」裏の理由は身体を壊してまで「自分がなんのために働いているのか」を夫や家族に認めてもらいたいのかもしれません。

**理解する**

まずは自分を大切に、自分を認めるとはどういうことかを一緒に考えてみます。

**把握する**

今の生き方で良いのか、自分との付き合い方を知っているかどうかを話し合います。

**実行し、応用する**

生活条件や関係性の、何に一番困っているのかを見て行きます。クライアントは、夫と自分との関係について納得できないと、何かを変えようとは思いません。

**セラピスト　「自分が仕事をしている理由はなんでしょう。全部書き出してみましょうか」**

# 言い換えワーク⑨

不安が重なって自己否定の感情にとらわれているクライアントです。

**クライアント　「失恋した上に、会社でリストラされそうです。不安でたまりません」**

4つのプロセスを踏まえて、この言葉をどのように「言い換え」ますか？

**「発想転換ワークブック」の答え〈4つのプロセス〉**

**情報を知る**

無力感から、自分には何もできないという不安が増幅している状態です。

**理解する**

他者を変えることはできないけれど、自分の解釈は換えることができると、理解できるように話し合います。

## 把握する

「不安」は正体が見えないから不安なのです。お金のこと、仕事の種類など、不安要素を「見える化」してみます。

## 実行し、応用する

まず今から始められることは何か。まだ挑戦しなかったことへのチャンスだととらえて、新たな可能性をどうしたら考えられるのか。急がないで、クライアントのペースに合わせて進めるようにして下さい。

**セラピスト「まずは一番の心配ごととその理由を書いてみませんか。そしてひとつずつどうしたら安心か考えましょう」**

## 言い換えワーク⑩

過去に優等生だった自分と社会に出てからのギャップに自己嫌悪です。

**クライアント　「学生時代に馬鹿にしていたやつに、昇進を追い越されました。こんな自分呪いたいです」**

４つのプロセスを踏まえて、この言葉をどのように「言い換え」ますか？

**「発想転換ワークブック」の答え〈４つのプロセス〉**

**情報を知る**

悔しさと同時に、恥の気持ちや他者の視線を気にしているはずです。クライアントには未体験のゾーンです。

**理解する**

学校の成績が良いことと、社会で認められることの違いとは何かを考えるチャンスだという理解もできます。

**把握する**

「悔しさ」の感情を、どのような考え方に変えていけば、自分の向上につながるかを一緒に考えます。

**実行し、応用する**

自分を観察するという、大事な時期と捉えることも可能です。その上で何をどうしたいかです。

**セラピスト「人に負けるというはじめての体験が、どんな学びになるのか、あなたなら考えられるのでは？」**

memo

前述しましたように、記述した「答え」は正解でも唯一無二のものではなく、また、セラピーも一回で終わりとは限りません。またクライアントと家族や職場との関係性も、必ずしも「修復」が目的ではありません。

セラピストは、クライアントが自分で「知る・理解・把握・実行」できるようになり、本当に望む未来を「選択」する手助けをして下さい。

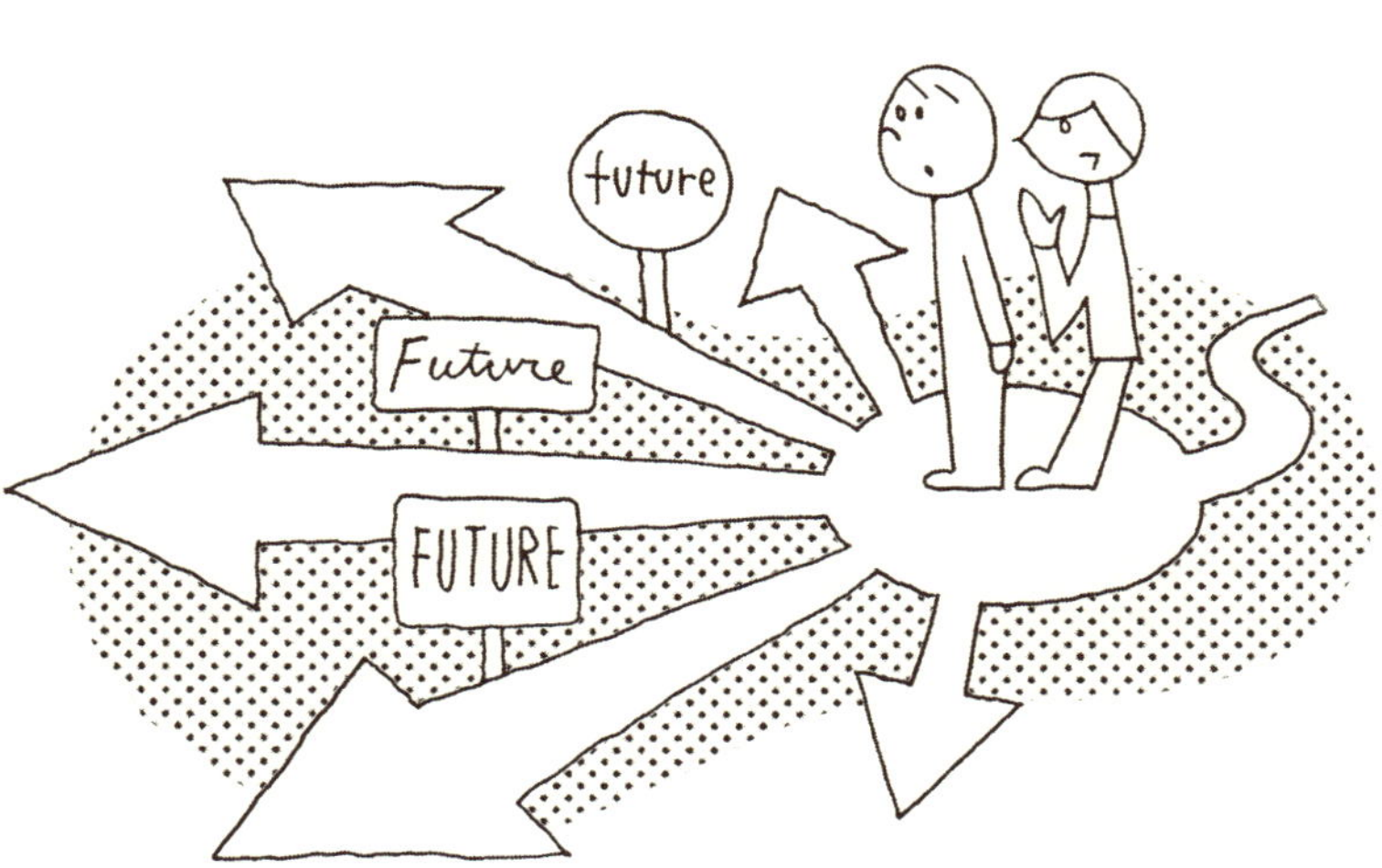
future
Future
FUTURE

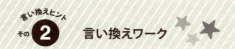

# 言い換えヒント その3

# ネバならない症候群

## ヒントその3　ネバならない症候群

この章では、「ヒントその1」の章で触れた「ダブルスタンダードな環境」についてもう少し詳しく触れながら、「〜ネバならない」と考える習慣から、「〜したほうがいい」「〜できる」「〜すればいいいんだ」「〜したい」と考えることができる「言い換え」を見直していきます。

ダブルスタンダードとは元々「二重規範」のことで、同じルールが別々のグループに不公平に使われること（例えばAグループには何かを許可し、Bグループには許可しないなど）を指しますが、これとは逆に、対となる要素をわざと組み合わせる斬新なスタイルのことを指すケースもあります（ファッションの「モダンとクラシック」「カジュアルとフェミニン」など）。

この本でいうダブルスタンダードとは、この章の「ネバならない症候群」を作り出してしまう環境のことと捉えて下さい。

前章でも触れたように、「自分の考えを言いなさい」という風潮を作りながら、その実、「大人の考え方」を教え込んでいる状況のことです。

なぜなら、自分の言動に自信をなくしている方、人間関係の悩みを抱えている方、心身の不調を訴える方の多くは、子どもの頃から無意識に、「周囲の大人たちが望む答え」を探す癖を身につけているからです。

大人は子どもを「正しい答え」に導こうとしているつもりでも、子どもたちにとって大人が質問するのは、「すでに決まった答えがある」ということで、その答えに従うことで大人が納得する、と体験づけられます。

例えば小学校の先生が子どもたちの喧嘩をみて、泣いた子と泣かせた子をそばに呼び、原因を追求するのは酷だという信念で、泣いた子に「ほら、いつまでもメソメソ泣かないでね。先生の前で謝ってもらいましょうね」

泣かせた子に「乱暴はだめよね。はい、先生の前で謝って」

泣かせた子は納得しない顔で謝り、泣いた子もしぶしぶ泣き止んだとしても、この時に納得や満足をしたのは「誰」でしょうか？

原因を追及されるのは嫌でも、型どおりに「謝れば済むんだ」と感じた子、「泣けば謝ってもらえる」と体験した子は、何を学んだでしょうか？

あるいはまた同じ場面である先生は、子供の自覚を促そうという信念から次のように振るまうかもしれません。

泣かせた子に「君はどうしてすぐに手をだすんだ！　なぜかを言ってみなさい！　よく考えて！」

泣いた子に「君もどうしてすぐに泣くことしかできないいんだ。なぜちゃんと言えないかを考えなさい」

これも一見、自分で考えることを促しているように見えますが、「ヒントその1　言葉があなたを作っている」の「言い換えワーク①」で学んだ「どうして」の問いの影響を思い出して下さい。

「なぜ」「どうして」の問いは、大人が「自分の考え方や言い方の癖」などを自分自身で見直すためには有効ですが、他者に、特に子どもにそれを問うことは良い影響をもたらしません。

子どものイタズラや喧嘩、大人から見て困ったことの多くは、子どもは理由などなく、ほぼ衝動で行っています。

そして**後から理由づけするだけの語彙を持たないうちに「なぜ」「どうして」を突きつけられると、「とにかく大人に気に入らないことをした」という印象のみが刷り込まれ、**

**それは「漠然とした不安」に形を変えます。**

その不安に「大人の正解」を言い続ければ、それは「～ネバならない症候群」の元になってしまうというわけです。

「刷り込み」は誰にでもあります。そして、人は誰でも「自分の過去の経験」をベースにして生きているので、自分が知っていること、自分が経験したことを繰り返しつつ生活しています。

しかしこの本の主題は「悩みの9割は言い換えによって解消できる」ですから、普段何げなく使っている言葉の影響、人による感じ方の違いも踏まえつつ、クライアントに良い影響を与える言葉の作り方に着目していきたいと思います。

**「言い換えること」とは、なんでもむりやり言葉にすることではありません。「言葉にできない感動や感じ方」もあることは認めたうえで、「その考えなら腑に落ちる」という言葉を探していくことです。**

「漠然とした不安」がもたらす様々な悩みや症状を、新しい感じ方や考え方に置き換えて、過去のこだわりから未来への期待に、クライアントを送り込む道具にしていくことなのです。

最近の傾向として、カウンセラーやセラピストの方々からの相談の中で、過去を振り返って刷り込みの原因と思われる「犯人さがし」から抜け出せないクライアントが多いとお聞きすることがあります。「〜のせいで今の私になった」というところから、次にどうすれば良いかわからない。

むしろ悔しさや惨めさ、嫌われたくないという気持ちを、何度気も繰り返し脳に記憶し直しているというのです。

原因探しから抜け出せないのは、例えば旧式のパソコンの中から、バグと呼ばれる「余計なもの」を排除することにエネルギーを使い過ぎているようなものです。いつまでたってもキリがありません。

それよりも「これからどうすればよいか」に切り替えて行きましょう。

前ページに、「なぜ」「どうして」の問いは、大人が「自分の考え方や言い方の癖」などを自分自身で見直すためには有効と書きましたが、「わかる」から「できる」までのプロセスを体得していないので、過去の思考のループから抜け出せないケースがこの「犯人さがし」です。

あらゆる情報を自分の中に取り込み、かつ、その中からバグを探して撤去する作業を続けるために疲弊しています。

それでは、このような傾向のクライアントに接する方法を、改めてみていきましょう。「言い換えワーク」の反復練習は、新しい思考の回路を生み出すことのできる、「新しいOS機能」だと考えることもできます。

さて、あなたのクライアントの中に、お子さんのことで悩んでいる方がいらしたら、「あなたはお子さんに、どんな答えを求めていますか？」と聞いてみて下さい。決してその親御さんを追求するためではなく、「ああ、私は子どもに、私の望む答えを求めていたんだ」と気づいていただくためです。親御さん自身が「ネバならない症候群」だったということですね。

その時、親御さんはもうひとつ気づきます。
「そういえば、私自身もそう言われながら育ってきた」と。

ただしこの時、「そうですね。だからお子さんのことを言う前に、あなたが変わらなくてはいけませんね」というようなアドバイスは避けて下さい。

気づきの深さや、「～ネバならない症候群」の強さにもよりますが、自分自身が責められている、自分がいけないのだと指摘された、と受け止めてしまい「私は子どものことで相談にきているのに！　子どものことを思っているのに！」という気持ちが強いので、アドバイスを客観的に受け止められない方も多く、特に初回では気持ちを閉ざしてしまいます。

この対処法は色々ありますが、そのひとつに、「薬を使わない精神科医」の宮島賢也先生が提唱している「主人公はだれ？」というのがあります。

クライアントとセラピストの間では、「主人公」はクライアントです。

セラピストはあくまでもクライアントが自分で「どうしたいのか、どうするのか」に気づいて実行していくためのサポーターですが、悩みを訴えるクライアントにも、「あなたの悩みの主人公は誰か？」に気づいていただく必要があります。

方法は簡単です。悩んでいることを最もシンプルに、紙に書き出してもらいます。例えば子供の不登校で悩んでいる親御さんのケースです。


「子供が学校へ行かない」

「そのことで、実家も夫の親も色々と言って来る」

「学校からも嫌みを言われる」

「世間からも白い目で見られる」

「子供の将来が心配」

さて、これらの項目を実行している主人公は誰でしょうか？

学校へ行かないのは「子供」
色々と言ってくるのは「両家の親」
嫌みを言うのは「学校」
白い目で見るのは「世間」
子供の将来が心配なのは「自分」

そうです。最後の「心配している自分」のみ自分が主人公、他の４つは他者が主人公で、問題になるのは「それをどう感じているのか」の自分だということですね。

子供は学校に、行かネバならない。
親の言うことは、聞かネバならない。
学校の言うことには、従わネバならな

い。

世間から白い目で見られることは、避けネバならない。

すべて「～ネバならない」という「思い込み」から来ています。

まるでネバネバの泥地に足を取られてもがいていたようなものです。

本当に、それらは「ネバならない」ことなのでしょうか？

子供、両家の親、学校、世間それぞれを、クライアントの力で変えることはできるでしょうか？

ここまでの、紙に書き出して「見える化」することで、主人公を明らかにすることが第一歩です。

他人を変えるとはできないのに、自分の無力感や焦燥感が自分を苛んでいたのだと知り、自分の考え方を換えるのが一番と気づきます。

では、ここまで気づいていながら、「ではどうすればいいのか？」のところで、「自分自身がそうされてきたからだ」で止まってしまい、「〜のせいで」としかいえないクライアントが多いのはどうしたことでしょうか。

この問題では、「わかる」から「できる」までのプロセスの前に、「感情」と「思考」の関係を見直すことが必要となってきます。

この章で記したふたりの先生の例をもう一度みてみましょう。

この例が示しているのは、「考えなさい」という言葉を使いながら、実は「どう考えればいいのか」を示さずに「言われたとおりに答える癖と漠然とした不安を」を持たせてしまっているということです。

そしてこれは、親の無関心のケースや、過保護、過干渉の親、失敗を過度に怖れる親の問題です。

少子化の影響で、仲間や兄弟間の葛藤を経験する機会の消失などからも生じていることです。

仮に学校の成績は良くても、身につくのは、

「頑張らなくちゃ」

「失敗はいけないこと」

「努力できない自分が悪い」

「どうして自分は嫌われるんだろう」などのマイナスの「感情」を自分に向ける「思考」です。


だからどうしても考え方の原因が突き止められると、まずマイナスの感情がその対象に向けられるのです。

自分のプラスの感情を作ろうとしても、自分が楽しいことを考えようとしても、否定的な感情がまず先に押し寄せます。

ここで「頑張らなくてもいい」「失敗も学びのうち」と自分を赦し、嬉しい、楽しい感情を味わうことは力づけや癒しにはつながります。

ただ、ここで「感情」が満足することに終始して、より感情を煽る方向にのみ動いてしまうと、感情の波の揺り戻しにあって、またかえって落ち込む、というパターンを繰り返す人がいます。

感情は、あくまでも「一過性のエネルギー」なので、ここで新たな「思考」すなわち「自らの解釈を換えていく練習」をしていただきたいというのがこの本の主旨です。

思考の回路を換えるために、クライアントにフィードバックを返せるセラピストになるための「対話」を大切にして下さい。

前述のサンプルも含めて、新たな「言い換えワーク」を続けましょう。

memo

セラピストの役割は、あくまでもクライアントが「自分の答えに行き着く」ことですが、「～ネバならない」のように、クライアントは無意識に自分にリミッター（制限装置）を設けています。本人が、それをもう不用と思って取り外せることをサポートして下さい。

## シンプル書き換え問題集①

言葉の書き換え練習です。
どう書き換えたら相手に届くでしょうか。

Ⓐ うるさい。だまれ！

Ⓑ グズグズするな！

Ⓒ 何考えてんの！

Ⓓ 姿勢が悪いぞ！

Ⓔ どうしてそんなにグズなの！

Ⓕ 壊すんじゃない！

Ⓖ 早く勉強しなさい！

Ⓗ 試験に受かったらゲーム買ってあげるわ。

回答は188ページ

## 言い換えワーク⑪

子どもの不登校で悩んでいる親御さんのケース。
悩みの主人公を書き出してからの対応です。

**クライアント　学校へ行かないのは「子供」**
**色々と言ってくるのは「両家の親」**
**嫌みを言うのは「学校」**
**白い目で見るのは「世間」**
**子供の将来が心配なのは「自分」**

４つのプロセスを踏まえて、この言葉をどのように「言い換え」ますか？

## 「発想転換ワークブック」の答え

まずは自分を解放するために、自分を主人公にして「どうなりたいか」を一緒に考えるプロセスは大切ですが、自分の家族のことがテーマの場合には、どうしても自分のことだけ考えることに罪悪感を覚えるケースも少なくありません。

この場合、まずは「他人を変えることはできない」ので、変えることができるのは「自分自身の感じ方」だということを再認識してもらいます。

そのうえで、「思考回路」を書き換えるのは、感情に働きかけて自分に言い聞かせるための「言葉替え」ではなく、新たな解釈の仕方を身につけることだと実感できるようなセッションを行います。

「解釈を換える」ことのおもしろさを身につけると、見える世界が変わり、ほんとうに自分が欲しい結果を得るためには、どのような言葉を発するべきなのか、に根気よく付き合っていく必要があります。そのためには、まずクライアントが書き出した項目をバラバラにして、ひとつずつ検討して行きます。

## 〈4つのプロセス〉

### 情報を知る

どの悩みの「主人公」がクライアント自身のものなのかを知ります。

### 理解する

クライアントが「他者は変えられない」ということを認識したうえで、自分が楽になることにフォーカスするか、書き出した項目のどれが一番気になるのかを理解します。そして一番気になる項目を挙げてもらい、それを一緒に検討します。

【例えば】

クライアント　やはり子どもが学校に行かないのは気になります。周りからとやかくいわれることは、今後気にしなくても済みそうですが、子どもの将来は心配ですから。

セラピスト　行けなくなってしまった学校に行かせる以外に、選択肢はないでしょうか？　あなたのようなケースで、子どもの不登校をきっかけに、ご夫妻が改めて、子どもの将来への考え方や、教育方針を話し合うきっかけになったケースがありましたよ。

## 把握する

クライアントとその家族や、周囲の関係性をどうするかは、本人次第ですが、セラピストがその背景を把握しようとることは、クライアントとのラポール（※）に繋がります。

（※）ラポールとは、専門家でありながら親近感を持てる、セラピストとクライアントとの両者の関係です。

## 実行し、応用する

まずはクライアントが日常の会話の中で、自分の解釈を換え、言い方を換えていく応用の仕方をサポートして下さい。

# 言い換えワーク⑫

つい子供を強く叱りつけてしまい、最近、自分も親にそうされてきた、と気づいた若い母親が来ました。

**クライアント　子どもがいうことを聞かないと、つい強く叱りつけてしまって後で後悔する毎日です。どうしていいか、わからなくて。怖かった母の顔がちらつきます。**

4つのプロセスを踏まえて、この言葉をどのように「言い換え」ますか?

**発想転換ワークブック」の答え〈4つのプロセス〉**

**情報を知る**

クライアントは「自分がされたことは子どもに連鎖する」という情報に、自分もそうなるのではないかと怯えているように見受けられます。

**理解する**

自分がなぜそうするのかに気がつく前は、無意識に連鎖反応をしますが、気がついたということが「自分がその習慣を換えるチャンスだ」という理解をします。

**把握する**

いきなり自分の体験を蘇らせ、親との関係を持ち出すと、そこに原因を帰結させようとする意識が働いてしまいます。

**実行し、応用する**

まずはクライアント自身のイライラが落ち着くことを優先し、その後、習慣を変えるチャンスだということを知ってもらった上で、解釈や言い換えを考えていくプロセスを共有します。

セラピスト　いわゆる「負の連鎖」というものを、あなたが換えていくチャンスですね。まずはあなたの笑顔を取り戻しませんか。それからじっくり、あなたが自分のことばで新しい関係を作って行く練習をしましょう。

言い換えヒント

その4

# 過去へのこだわり症候群

## ヒントその4 過去へのこだわり症候群

これまでの章で見てきたように、人は誰でも親の価値観や周囲の常識に影響を受けながら育ち、やがて複雑な社会の人間関係に遭遇します。

前章では、最近の風潮から重大視されてきた「親からの影響」や、その「連鎖」に焦点をあてましたが、はたしてそれは人生を左右してしまうほどの大きな影響なのでしょうか。

「氏より育ち」という言葉がありますが、この意味を引くと「家柄や身分よりも、育った環境やしつけのほうが人間の形成に強い影響を与えるということ」とあります。

一方で、「血は争えない」や「蛙の子は蛙」、青少年が事件を起こすと「親の顔がみたい」など、「子どもが父母から気質・性向を受け継いでいることは否定しようがない、血筋は争えない」ともいわれます。

さてこの「血のつながり」と「環境やしつけ」は、どちらがどのように影響するのでしょうか。

実は最近の研究では、子が親から遺伝的に受け継ぐのは、肉体的な特徴や運動機能にとどまり、思考や感情、物事に対する感じ方は受け継がないと言われています。

それでも日常の中ではよく、「年をとったらなんとなく親に似てきた」と、親との類似を語る人がいます。

また、「最近の若い人たちを見ていると、打たれ弱さ、我慢のなさ、自分にしか目が向いていないのは親の問題だ」と言い切る人もいます。

**これを「記憶の繰り返しの影響」**だと考えてみましょう。

つまり「思い込み」の正体を知ることが「過去へのこだわり症候群」への対処法として有効です。

例えば「氏より育ち」という情報を優先的に記憶してきた場合、様々なケースを「その考え方でみる思考の癖」が育まれます。

「あの人は血筋が良いのに、中学時代の悪友に感化されて親のしつけに逆い、悪事に手を染めた。やはり氏より育ちですね」とか、「あの人はあんな親から生まれたのに、素晴らしい先生に恵まれて能力を発揮できました。やはり氏より育ちですね」など。

一方、「血は争えない」を優先的に記憶した場合は「あの子は親に似ずに良い子で成績も良かったのに犯罪を犯すなんて。血は争えないものだ」とか、「あの子はスポーツ好きで音楽など気にも留めなかったのに、高校からピアノにのめり込んで優勝。やはり音楽家の血のおかげだ」など。

つまり「血のつながり」か「環境やしつけ」かの問題ではなく、どういう「解釈」をしているのか、また、同じ解釈の仕方を繰り返しているのかを、お分かりいただけたでしょうか。

親からの影響は、確かに子どもの頃には「刷り込み」になりますが、どんなにそれまでのものの考え方や常識だと思っていることがあっても、それに永久に支配されているわけではありません。

それなのに、「ああ、これは親の影響だ」「親の教育がこうだったから」と、親からはすでに独立し、大人になってからでも言い続ける人が多いのは、どうしたことでしょうか。

これは「親からの影響」なのではなく**「その記憶を自分で繰り返しリフレインしているに過ぎない」**と考えましょう。

親と同じ病気になりやすい、という傾向があっても、それによって健康習慣を気遣い、病気にならない人もいます。

「親の嫌な部分とそっくりになっていた」と気づき、そこで一念発起して自らの感じ方、考え方、習慣を換える生き方もあります。

過去の記憶の影響を「いまさらどうすることもできない」という「思考停止」に陥っているのは、あまりにももったいないということをあなたもクライアントに伝えていきませんか？

過去を見直すことは「現状把握」のために重要ですが、そこにとどまっているのは、「次の一歩」を踏み出すための「言い換え」に慣れていないからだと、考えてみませんか？

言葉を「作り替える」「書き換える」このおもしろさを伝えていきましょう。

さらに、**「過去は変えられない」から一歩進んで、「過去に対する考え方（解釈）を言い換えてみる」、「他人は変えられない」からも一歩進んで、「自分の表現次第で、相手の思い込みや解釈を超えてもらうことができる」ということを、ぜひセラピーに取り入れて下さい。**

気をつけたいのは過去の常識にとらわれ

ることではなく、「視点、視野、視座が固定されてしまうこと」です。

そしてそれによって**「過去の出来ごとの反復」を繰り返すために「未来への不安」でいっぱいになってしまうこと**です。

一番大切な「今」を抜かさないで、気づいたことへの「切り替え」が「今」なのだと、クライアントと一緒に考えていただきたいのです。


現代は環境の急変、身の回りのテクノロジーや情報の質や量も、膨大な変化のまっただ中にいます。

たとえ親子でも、子どもは親が生まれてから育った「社会環境」を知らないのと同様に、親もまた子どもが成長過程で「何をどのように見ながら」どんな情報を仕入れてきたかは「体験」していないのです。


パソコンの出現と、その変化のまっただ中にいた世代と、生まれた時にはすでに家庭にパソコンがあるのがあたりまえという環境では、ものの見え方が違っていて当然です。

良い学校に進み、大きな会社に入れば一生安泰と言われて育った世代でさえ、すでにそんな事実はないという社会に生きています。

重要なのは、情報を自分の目で見、自分の耳で聞き、自分で判断・選択する自由を持つことができるかどうかなのです。その「判断基準」を持ちうる教育環境が整っているとはいいがたいのが現状です。

「正しいか正しくないか」ではなく「自分は何を選択し、それをどうして行くのか」のためには、「考える力」を身につけるしかありません。

この本で繰り返し重要視している

**その1　情報を知る。**
**その2　理解する。**
**その3　把握する。**
**その4　実行し、応用する。**

この4プロセスは一見面倒に感じるかもしれませんが、決して「理屈っぽく考える」ことではなく、思考の枠組みを広げ、直観力を増し、洞察力を広げて人間の幅を大きくしていくものだと理解して下さい。

「考えがまとまって行く」というプロセスの体験は、感性、感情に左右されて揺れ動くクライアントにとっても、大事な「重心」を作って行く作業になります。

圧倒的な情報の量を浴びている現代であっても、大人が子どもと違うのは、圧倒的な「体験の多さ」に他なりません。

それなのに、その大人が「過去からずっと変わらない思考パターンの繰り返し」で対処していては「体験の多さ」も単なる繰り返しに過ぎません。

大事なことは、**「情報の量」に対処することではなく「情報の質」を読み取る力**です。

「わからない」ことを曖昧にしておくことは、思いもかけないほどのストレスが掛かるものです。

この章では、「潜在意識に刷り込まれた過去」や「心の闇」「負の連鎖」など、意味もわからないまま「なんとなく」使うことや思い込むことを止めて、その根拠を考え、「言葉の呪縛」からクライアントが解き放たれていくことをサポートしています。

**セラピストの役割は、クライアントを癒すこと、感性を大事にすること、語らなくても通じることを共感すること**などが上げられます。

さらにそこに、「考えることの面白さ」「考えつく楽しさ」「新しい考え方」を加味することで、同じ悩みや失敗、心身の不調などを繰り返さなくて済むという大きなご褒美があります。

「過去へのこだわり症候群」とも呼ぶべき悩みを訴えているクライアントの多くは、「原因探し」に多大なエネルギーを費やし、自分という殻の中で「思い込み」に縛られています。

セラピストの役割は、原因探しにクライアントを向き合わせて行くことではありません。

**自分の考え方や意見、判断という反応もいったん差し控えて、クライアントの語る「言葉**

**の解釈」に耳を傾けること**です。

ただし、じつは「傾聴」という言葉にも、思わぬ落とし穴があります。

クライアントの話を聞きながら、思わず「うんうん、それはそうですね」とか「いやいや、それはあなたの思い込みでは？」と、心の中に賛成や反対の気持ちが起きてはいないでしょうか？

また、それを早く相手に告げて、その「間違い」に気づいて欲しいと思うことはないでしょうか？

あるいは逆に、相手が何度も似たような話を繰り返すことを、辛抱強く聞くことが

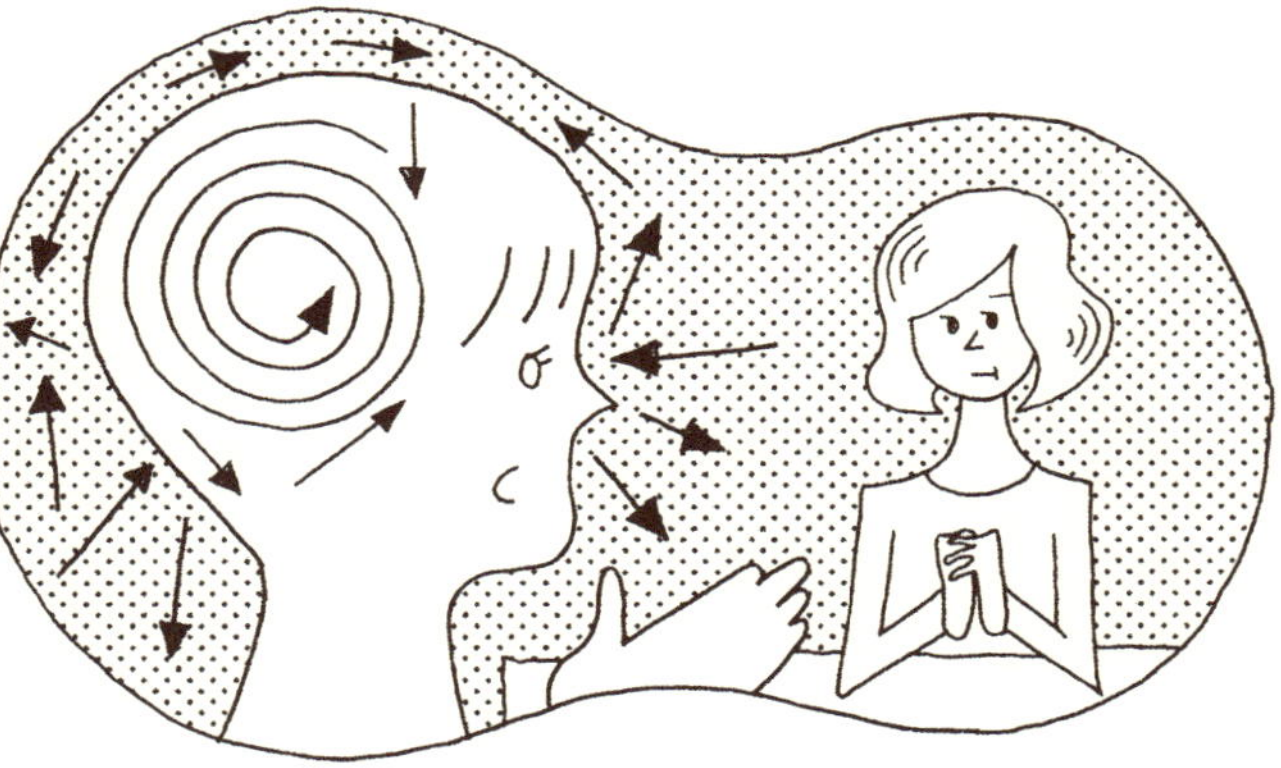

「傾聴」だと思っていませんか？

前者の場合は、相手の話を「傾聴」しているつもりで、じつは「自己判断」を下しています。それによってクライアントには未消化感が残り、感情の消化が遅れることがあります。

ところが、セラピストが自分を無にしながら「聴く」ことができていると、思いもかけないほど早くクライアント自身が自分の「思い込み」や「繰り返し」に気づくことがあります。

後者の場合は、もしも「またそのパターンか、うーん、よほど強力な刷り込みだな」などの気持ちが聞いている側にあると、クライアントにはもどかしさが残ります。

ところがセラピスト側が自分を無にして「聴いて」いると、急にその繰り返しに飽きたかのように、クライアントが次のステップに行こうとする態度を示すことがあります。

セラピスト側はそのタイミングを見逃さないようにすることが、「自分を無にして」聴くことの成果です。

「きく」という言葉には、

「聞く」「聴く」「訊く」という3つの漢字があります。

「聞く」は一般的な普通の会話の状態。人は会話をしながら、心の中では20％しか相手の話を聞いておらず、80％は自分の考えが心を占めていると言われます。

「聴く」は傾聴のことですが、ここにもふたつのレベルがあります。

レベルその①は、相手の話に整合性がなくても、真摯な態度でひとことも聴き逃さないように心掛けながら、時に「おうむ返し」などで相手の気づきを促すもの。

レベルその②は、ゆったりと聴きながら、相手の話の背景も理解できていることです。

「訊く」という漢字は、「訊問」という言葉があるように「自分が聞き出したいことを相手から引き出す」という意味に使われます。

セラピーの中で、「早く聞き出して楽にしてあげたい」という思いからセラピストが「質問」することが、時には受容体（レセプター）が過敏になっているクライアントにとっては「問い詰められる」という感情を生んでしまうことがあることに注意して下さい。
一般に言われる「弱者」のみならず、成功者といわれている人の中にも、この過敏さが隠れていることがあります。

まずは「聴く」のレベル①と②を心掛け、自分の中の「賛成」や「反対」の気持ちを消しながら聴き、一切の合理的な判断を鎮めることによるセラピー効果を、セラピスト自身が味わっていただきたいと思います。

その修練を経た結果の「訊く」という質問の仕方が、セラピスト自身にも思いもかけない早さで発揮され、クライアントに働きかけることがあります。
セラピーも上級者コースということができるでしょう。

ここまで書いてきたように、自分がマイナスの状態にいると思っている方々は「前のように元気になりたい」「あの頃の自分は今とは違った」「元に戻りたい」という意識を持っています。過去の自分を参考にしています。

そして本人の周囲の方々も、「あの頃の夫（妻）に戻って欲しい！」「あんなに元気だったのに」と、やはり過去の良かった頃を参考にしている方が多くいます。

そして「回復」しなければ将来のことが考えられない、と思い込んでいるので「あの頃の自分はどこへ行ってしまったのだろう？」と自分を責めてしまう傾向が生まれます。

ぜひ「元気な自分」なら何をしたいのか、どうしたいのかと、未来を創り出す方向付けをしてあげましょう。

例えば長期間カウンセリングに通っ

ていたクライアントに、「どういう目的でカウンセリングを受けてきましたか？」とお尋ねすると、「治ること」という方が多く見受けられます。

「治ることを目的にする」ということは、「現在は健康ではない状態」と認識していることなので、長いことその状態にいる間に、こんな状態に長くいたらとっくに周囲から取り残されている。そんな自分が社会にでて、「何かできるのだろうか？」という不安が無意識に作用します。

それが無力感を生み、回復の兆候が見えているのにまた病気に立ち戻ってしまうということもあるのです。

とくにメンタルの問題を抱えていて、「治ることを目的にしていました」というクライアントに対しては、一端それを認めてあげましょう。

その上で、「そうでしたか、ではこれから私とは、治ったら何をするか、ということを一緒に考えていきませんか？」と言っただけで、顔が輝く方がいます。「治っていいのだ」と気づく方もいます。

心身の不調ではなく、認知症や不治の病とされている方々には「治った後のこと」というよりも、これからの「クオリティー　オブ　ライフ」を考えていく必要がありますが、この本では軽く触れるだけにします。

「どうせ〜」や「だけど〜」という言葉は、「過去には戻れない」と言っているのと一緒です。過去がどんなに素敵でもそこに戻るのではなく、「もっと素敵な未来」を作る可能性があることに気づいてもらいましょう。

落ち込みや心身のトラブルに見舞われるということは、それまでの自分の考え方を見直し、新しい可能性を見つけるリハビリ期間です。

そして新しい精神的な「環境」と身体的な「習慣」を作ることを、本人のみならず、関係者が協力し合えたら素晴らしいと思いませんか。

それには本人自身が培ってきた「感じ方」「考え方」「物事の捉え方」「自分の認め方」そして「他者との関わり方」を丁寧に見直すことです。

「過去のせい」という状態は、「自分で考えること」を放棄して、この5項目を自ら「遮断」していたに過ぎないので、混線している思考のクセを書き換えることの楽しさをクライアントにも覚えてもらいましょう。

memo

自分の考えに自信がない、自分の考えを述べることができない、という方のほとんどは、自分の言っていることがわかってもらえなかった、認めてもらえなかったという体験に縛られている状態です。

「わからない」という表現は、自分の考えを放棄して他者に従おうとする無意識の働きであり、また、実際は他者に従うことでストレスを溜め込んでしまうプロセスでもあります。

「わからない」と言ってしまうことが、怒られないため、嫌われないために自分を誤摩化していたに過ぎないことに気づくと、一気に思考の幅を広げることができます。

## 言い換えワーク⑬

自己肯定感が持てない、自分はダメだという意識から抜け出られない、何をするにも自信がないというクライアントが訪れました。

**クライアント　上司から「とにかくさっさと行動しろ。言われたとおりにすればいいのになぜできないんだ」とハッパをかけられますが、ますます怖くなります。何もできません！**

４つのプロセスを踏まえて、この言葉をどのように「言い換え」ますか？

### 「発想転換ワークブック」の答え〈４つのプロセス〉

**情報を知る**

クライアントは、考えないで行動することへの不安と、どう考えたらいいのかわからない恐怖で自信をなくしています。

**理解する**

「言われたとおり」にしたつもりなのに叱られてきた過去と、「どう考えればいいのかを学ばなかったこと」を理解します。

**把握する**

「自分で考えなさい」と「その考えは間違っている」の両方にさらされてきた典型的なダブルスタンダードのケースだということを把握します。

**実行し、応用する**

誰か身近に、質問できる人、あるいは見本を見せてくれる人を捜すことができるかを尋ねてみます。

**セラピスト** **行動する前に何をすれば安心できるかを一緒に考えて行きましょう。焦らず、慌てず、諦めずにね。**

## 言い換えワーク⑭

お金のメンタルブロックがあり、起業に失敗したのはそのせいだと思っているクライアントです。

**クライアント　若気のいたりで起業しましたが、自分が稼げるなんて思い上がりでした。でも、自分で起業する夢が捨てられません。こんな自分じゃダメでしょうか？**

4つのプロセスを踏まえて、この言葉をどのように「言い換え」ますか？

**「発想転換ワークブック」の答え〈4つのプロセス〉**

**情報を知る**

「起業したい」という情熱（感情）と「できないかもしれない」という過去の考え方（思考）の狭間で迷っています。

**理解する**

お金に対する考え方がどこから来ているのかを質問してみるのも手です。ほとんどの場合「なんとなく…」「家が貧乏だったからかな…」「金持ちは悪、貧乏は善」のような曖昧な思い込みだと理解します。

**把握する**

「メンタルブロック」という曖昧な概念と、実務や能力の知識や体験不足とを明確にわける必要性を把握します。

**実行し、応用する**

失敗に捕われず、思考を伴う新しい行動とは何かを考える時間を作ります。

**セラピスト　できなかった理由にフォーカスするよりも〝なぜ〟〝なんのために起業したいか〟を見直してみましょう。**

## 言い換えワーク⑮

親のいいなりに進路を決めたものの、看護師になれなかったことを悔やんで、今後の方針が立てられないままのクライアントです。

**クライアント　いつも姉と比べられていて……私の努力が足りなくて看護師になれなかったと、後悔ばかりしています。**

4つのプロセスを踏まえて、この言葉をどのように「言い換え」ますか？

**「発想転換ワークブック」の答え〈4つのプロセス〉**

**情報を知る**

何かのせいにしたいけれど、努力しなかった自分が悪いと自分を責めるほうに比重がかかっています。

**理解する**

「後悔」は、マイナスの思考を何度も繰り返し、脳に記憶させてしまう行為だと理解します。

**把握する**

努力に関してはすでに「反省」しているので、本当に努力したい目標に、気持ちを振り向けられるかどうかを把握します。

**実行し、応用する**

看護師になることを諦めたとしても、過去の体験は必ず未来に活かせることを実感するためにも、新しい目標を設定するプロセスをサポートします。

**セラピスト**　**看護師になりたいのなら今からでも遅くないし、本当は別なことを目指したいなら、まずそれを見つけ出していきませんか？　世の中は思う以上に色んな可能性に満ちていますよ。**

## 言い換えワーク⑯

親の介護をしていて、自分も体調を崩してしまったクライアントです。

**クライアント　なんで私ばっかりこんな嫌な目にあうんだろう。**

4つのプロセスを踏まえて、この言葉をどのように「言い換え」ますか？

**「発想転換ワークブック」の答え〈4つのプロセス〉**

**情報を知る**

すべてのできごと、すべてのマイナス情報を、自分の内側に向けてしまっているようです。

**理解する**

気持ちを自分にばかり向けてしまうと、処理することだけにエネルギーが使われてしまうということを理解します。

**把握する**

「なぜ、どうして」を掘り下げても苦しい記憶にばかり行き着くのだと気づき、「どうなりたいか」を考えられるように手伝います。

**実行し、応用する**

自分を被害者にせず、新しい物語の主人公にする考え方をサポートします。

**セラピスト** 「私にばっかり」という言葉を「私にだって」という言葉に切り替えてみませんか？
「私にだって○○がある」「○○ができる」のように、自分にあるものを数えてみませんか。

言い換えヒント

その5

# 病気の問屋
# 症候群

# ヒントその5 病気の問屋症候群

あなたはどんな時に「不安」を感じますか？
あるいは、どんな時に「恐怖」を感じますか？
それでは、「不安」と「恐怖」の違いとはなんでしょうか。

この問いをクライアントに発すると「確かに違いますね」「なんだろう、もやもやしますね」などの言葉が返ってくることが多いのですが、あなたは違いをどんな言葉にできますか？

**「不安」とは、その正体が明確ではない状態のこと。**
**「恐怖」とは、対象が特定できるものに対して起きるものだ**と書いてみると、「なるほど」という印象を持つのではないでしょうか。

例えば病気に対する「不安」は、様々な不調や不快な症状に悩まされている時、「あの病気かもしれない、この病気かもしれない、いや、気のせいかもしれない」と揺れ動くのが「不安」です。

特にメンタルの不調は、不安の正体が見極められずにいることです。

また、「ガン」だと宣告された場合、ガンという病気の苦痛や死を思うことが「恐怖」と言えます。

「死に対する不安」はこの本の圏外ですのでここでは言及しません。

そして、ここで考えてみたいのは、「意味づけ」を重視することよりも、私たちがいかに曖昧なまま、言葉を使用しているかということです。

私たちが膨大な量の言葉やその意味づけ、解釈の仕方を無意識のうちに身につけていることは改めて言うまでもないことですが、じつはこれが「自分が物事をどう捉えるかの根拠を持つ」ことをしなくても済んでしまっている状態のことです。

この章「ヒントその5」では、「自分が物事をどう捉えるかの根拠を持つ」とはどういうことかを考えながら、それが私たちの心身の健康とどう繋がるのかをみていきたいと思います。

つまり**「不安」と「恐怖」の「根拠」を持たないままに過ごしてきたことが、じつは「病気の問屋症候群」という現実を作っているという観点**です。

人は「お腹がすけば食べ」「眠くなれば睡眠をとり」「充分眠れば目覚める」のようにシンプルなことは、「なぜだ！」とはいちいち考えません。

しかし、心身に不調が起きるとまず何が起きるでしょうか。

例えば「食欲不信」や「不眠」のように、あたりまえにできていたことのバランスを崩した時、人は不調に陥ります。

不調に陥れば人は不安になり、不安という感情はマイナスの思考を生み、ますます不安を増幅して、また不調になった。自分は病気ではないかと、いつのまにかそういうサイクルを作っているクライアントに、どう対処したら良いでしょうか。

そのようなクライアントは必ず「感情が不安定」です。

そして、自分の感情を理解してもらえないという不満も、感情をコントロールできていないという自責感情も加わり、この積み重ねが「病気」という形を借りて自己表現するケースがあると考えてみて下さい。

それでは「感情」とはいったいなんでしょうか。人間は感情の動物とも言われていますが、喜怒哀楽の感情をそのまま無制限に表わすことが許されるのは生まれたばかりの赤ちゃんくらいで、大人になったら自分で制御できるのでしょうか？

親子といえども「時代の影響」の受け方はかなり違うということは前章でも書きました。戦後の復興や高度成長の時代には、家族のため、会社のため、社会のためが、「自分のため」

よりも無意識に優先されていました。

学生は勉強を頑張り、会社員は「会社には休まずに行くものだ」「サボるなんて言語道断」があたりまえで、我慢し、辛抱して苦しんだことも、自分の肥やしになることで一人前になるということが無意識の根拠としてあったといえるでしょう。

しかしその時代を過ごした「親」たちの子どもは、親と同じ環境どころか、むしろ物質的な条件には恵まれていますが、親の価値観を根拠にして育ってきたわけです。

現代はすでに「豊かに育った世代」が子どもを育てていますし、世の中の風潮として「自分のために生きよう」「好きなように生きて良いのだ」という価値観も台頭しているために、自分が育った環境から「新しい環境」への順応が難しいとも言えます。

ここではその「善し悪し」ではなく、その環境の違いが「感情」にどう影響しているかを垣間みてみましょう。

当然、時代の変遷とともに「不安」や「恐怖」の質も違うということにお気づきいただけると思います。

しかし、前述したとおり、〝不安は正体がわかない〟から、〝恐怖は正体はわかっても、その対処までがわからないこと〟から生じます。

例えば「新型うつ」に関して考えてみると、従来型のうつが「責任感が強く、完璧主義でストレスに耐え切れなくなった時に発症する」のに比べて、新型うつは「周囲の無理解や他者からは取るに足りないと思われる理由で不調に陥ってしまう」という傾向があると言われています。

そのために、職場では「うつと言われているようだが、本当は我慢が足りないだけじゃないのか？」とか、「どうして会社には行けないのに、趣味には出掛けていけるんだ？」のような受け止め方をされ、本人はその受け止め方さえもストレスを増強させてしまうとされます。

しかも、過剰にいたわり、長期間の休職が慢性化を招いてしまうとも言われます。

「新型うつ」になりやすい人は、発病までは大きな問題もなく、学業や成績も優秀で「前途」を期待されながら育った方も多いといいます。

そういう人が、いきなりそれまでとは全く違った「規範」や「人間関係」に入り、昔型の鍛え方があたりまえの上司から「ささいなことで叱責」された場合、この上司と本人の「ストレス耐性」そのものがすでに違います。

昔なら「生命の危機に晒されるような重大な出来事」、「生きるか死ぬかの極限状態に置かれた体験」から発症したＰＴＳＤ（外傷後ストレス障害）が、「自分のプライドを傷つけられた」という「ささいなこと」に過剰反応してＰＴＳＤと同様の症状に陥ってしまうという医師もいるほどです。

このケースとは反対に、小さな時から大切にされた記憶がなく、自己肯定感を育てることのできないまま大人になった方々の場合も、必要以上に他者の言葉が刺さったり、他者と比較し過ぎたり、自分の弱点ばかりを繰り返し反芻することでストレスとそれに伴う症状、病状を繰り返すことになります。

この本では、セラピスト側が自分を無にし、そうしながら聴くことでクライアントの言葉の中に「質問の糸口」を見つけ、ともに理解や把握に繋げていくことを提唱しています。

それはクライアント自身の情報の受け止め方や「感じ方」が多様化しているため、セラピストの知識や体験からのアドバイスがフィットしないことも多くなっているからで、それを知識不足、体験不足と考える必要はありません。

ただし、学んだ知識を伝授し、知っていることを伝えるよりも「自分を無にする」ことのほうが、最初は難しいと感じるかもしれません。

それでも、クライアントの「悩み」に付き合い、「何が原因でどうしたら解決するか」に頭を悩ましていくよりも、クライアントに「これからの自分がどうなっていきたいか」にフォーカスしてもらいましょう。

セラピスト自身の中では、無意識に選別していたフィルターを外していくことで、クライアントのみならずセラピスト自身も気持ちが明るくなっていく体験をします。

そうしていくうちに、原因追求とは違い、なにかふと「根拠」に気づくことができると、それは「なあんだ」という「誰のせいにもしない」感情が生まれます。その感情からは、「だからこれからは自分の選択を大事にすればいいんだ」という思考が生まれます。

その感情と思考の共有を、クライアント自身が自分の身の回りの人とできるようになることを目指していくことは、本人の回復のみならず、あらたな人間関係の構築にも繋がっていくでしょう。


「健康」と「病気」の線引きは何でしょうか。

医師は「病気を治す」人ではなく、医学的な見地からの診断と処方をして「本人の治癒力」をサポートする存在です。

セラピストやカウンセラーもまた、それ

ぞれの立場から「本人の力」を引き出すサポートをする存在です。

世の中には「病は気から」で済ますことができない難病もあります。

しかし、同じ病気を持っている人でも、健康な人に素晴らしい刺激を与えることができる人も入れば、それまでに作り出したサイクルの中で、次々に「不安症候群」に陥っているケースもあります。

あまりに長い間病気と付き合っていると、回復して社会復帰をすることが怖くなるケースもあります。どれだけ自分が周りから遅れているか、自分にこれからできることがあるのか。そんな気持ちが「病気でいること」を選んでしまう方もいます。

「病気の問屋で居続ける」「病気はあっても病人じゃない」「病気からの卒業」。すべては「本人がどんな未来を望むのか」なのです。

セラピストは本人の「選ぶ力」を信頼し、新たに「どうしていきたいか」をサポートできる立場で居て下さい。

「思い込み」を外側から変えるのではなく、本人が自分の殻からでてきやすいような理解と把握を示していきましょう。

この後に、「かつて私は病気の問屋症候群でした」という方のエピソードを紹介します。

この例は、大人になってから「病気の問屋症候群」を繰り返している例ではなく、物心つく前から「次々と病気を発症」していた例ですが、やはり自分で根拠に気づく前は、この章の記述にあるような不安や恐怖の繰り返しだったといいます。自分を憐れんだり、何かのせいにしていたり、治してくれない大人を恨んだりもしたそうです。

元気になれないために何もできない自分は、病気のままでいるほうがいいのかもしれないと考えたことすらあったということです。

だからこそ、大人になって自分の感情や思考を見直し、修正できるようになった方々には、それをサポートできる関係性や本人自身の「選択力」を身につける環境の必要性を感じ、それができる仕事に専念しているのだとも語ってくれました。

## 〈病気の症候群エピソード〉

小さなときから「身体が弱い」と周りから見られ、自分でもそう思っている子どもがいました。実際、ほんのちょっとの変化で風邪を引くし、お腹を壊すし、見るからに生気がありません。

特定の持病があるわけではないのですが、次々と病気にかかりやすく体力もつきません。ちょっとした怪我でも膿んでしまうし、学校でも体育は見学ばかりです。周囲も腫れ物にさわるように大事にしてくれますが、本人は「どうして私ばかりが」という気持ちでいっぱいです。

困ったことに、医者にかかって治療をしてもらう度に、薬品や処置の結果が様々な副作用を引き起こすような状態が続いていました。

親からは「あなたは病気の問屋ね。一生気をつけて生きていかないと」と言われ、自分でも「次はどうなってしまうのだろう」という不安を抱えていました。

そして中学校の時に骨折したことがきっかけで骨に菌が入ってしまい、手術の回復も悪く、高校に入っても状態が悪いまま服薬が続いた結果、体力がギリギリまで落ち込んで、「どこか根本的に原因があるのではないか？」という医師の判断から、検査入院をすることになりました。

入院生活の中で、彼女は考えました。「本当に私は一生こんなことの繰り返しなのかしら。それはいやだ」と。

たぶん受け身の子ども時代を経て、思春期に入ったことで、思考力や自我の成長もしていたのでしょう。身体が弱かったために、読書は大好きでたくさんの本を読んでいました。それらの何が功を奏したのかはわかりませんが、彼女はふと気がついたのだそうです。

「私はちょっとでも具合が悪いと、次は何の病気？　また具合が悪くなるの？　どうなってしまうのだろうとばかり考えていた。心配顔ばかりでその繰り返しが病気を作っていたのではないか？」ということに。

そして、病気を「卒業」することに決めました。

「これからは、具合が悪くなっても悪い方に考えるのはよそう。病気のことを考えるより、良くなって何をしたいかを考えよう。例え風邪を引いてもそれは身体休めのサインで、自分を病人だと思うことは止めよう」

幸いなことに検査の結果、彼女の体力の低下の原因は、長い間大量に飲み過ぎた抗生物質のせいで白血球が半分以下に低下していたということがわかり、彼女の精神面での変化とともに体力をつける食事をしていった結果、それまでとは見違えるほどの健康体になったということです。

これは実際にあった話です。

自分が病気の問屋だと思っていた時代、彼女にとっての未来は「またわけのわからない病気になるかもしれない」という「不安の塊」でした。

また、「怪我をするかもしれない」「悪い菌が入ってしまうかもしれない」と、学校の跳び箱やプールですら「恐怖の対象」だったということです。

さて、この物語の中には、「あなたは病気の問屋ね」と言った親がいます。小さな子どもにとって、それは「刷り込み」に違いありませんが、大きくなって考えれば「子どもの健康を望まない親はない」ことがわかりますから、それは「親のせい」ではなく「親の心配を記憶で繰り返していた自分」がいたということです。だからといって、自分のせいでもありません。

「次はどうなってしまうのだろう」と考えていた自分がいましたが、それは「そのパターンが繰り返されていた」からであり、繰り返しを止めることに気づくことができたことで病人だと思うのを止めることができました。

それではこの章の練習問題では、症例をみながら、根拠を見つけて一度手放す、というやり方の効果をみていきましょう。

## シンプル書き換え問題集②

シンプルな言葉の書き換え練習です。
どう書き換えたら相手に届くでしょうか。

Ⓘ もっと頑張れ！

Ⓙ やる気あるのか？

Ⓚ 何度言えばわかるんだ！

Ⓛ 言い訳するな！

Ⓜ 男のくせに

Ⓝ 女のくせに

Ⓞ まだあなたにはわからないのよ！

← 回答は 188 ページ

## 言い換えワーク⑰

**クライアント　上司の指示どおりに仕事をしているのに何度も却下されひどい不眠になって医師から「うつ」と診断されました。**

4つのプロセスを踏まえて、この言葉をどのように「言い換え」ますか？

**「発想転換ワークブック」の答え〈4つのプロセス〉**

**情報を知る**

医師にかかっているのに、セラピストのところに来た理由はなんでしょうか？　まずはそれを聞いてみましょう。

**理解する**

おそらく、薬の処方のみでは不安が解消していないことを、理解します。〝何を話したいのか〟理解を深めます。

**把握する**

「わかってもらえていない」と感じているクライアントの状態を把握します。誰に何をわかってもらいたいのでしょうか。

**実行し、応用する**

症状や抱えている問題の大きさにもよりますが、本人が「自分で決めて実行」できることがらを話し合います。

**セラピスト** 今、一番の不安はなんですか？ セラピストである私がどんな協力ができるのかを、一緒に見つけていきませんか。

## 言い換えワーク⑱

抗うつ剤を使用しているというクライアントが来ました。

**クライアント　医者に薬を処方されまして、なんだか余計に不安になっています。どうしたらいいでしょうか？**

４つのプロセスを踏まえて、この言葉をどのように「言い換え」ますか？

**「発想転換ワークブック」の答え〈４つのプロセス〉**

**情報を知る**

クライアントが薬を怖がっているのはなぜかを知ります。副作用や飲み続けることの不安からかもしれません。

**理解する**

医者の役割について、クライアントがどう考えているのかを理解することも大事です。
その場合、セラピストの側が医療や医師について、どのような考え方を持っているかも、大変重要になってきます。
闇雲に薬や医療を批判するのでもなく、どのような役割として医療が存在しているか、などの理解の共有です。

例えば、この本の主旨にそって考えるとこんなやりとりができます。

**セラピスト　お医者さまって、何をしてくれる人だと思いますか？**

**クライアント　病気を治してくれる人？　いや、違うのかな。**

**セラピスト　そう、病気を治すのは誰でしょう。**

クライアント　はい。自分自身ですよね。

セラピスト　そう言えるのは素晴らしいですね。もしかして、お薬を飲むことへの不安があるのではないですか？

クライアント　はい……実はそうなんです。

セラピスト　お医者さまは、病気を治すのではなくて、病気を診断して、病名をつけ、その処置や処方をする役割だと考えてはどうですか。実際に、ご自分でそう言っている医師もいます。なので、あなたの場合、病気そのものよりも薬品に対する不安が大きいのだとしたら、それが相談できるお医者さまかどうかが大切では？

**把握する**

自分でも薄々感じていたことを認めてくれる相手がいるということは、クライアントの自信に繋がります。医師には直接「薬を続ける不安」と言い出し難かったことが、セラピストの把握力によって、相談できるという自信にかわります。

**実行し、応用する**

クライアントがいきなり医師に「薬を止めたい」と告げたり、独断で断薬するのではなく、「止める方向にいきたい」と相談できることをサポートします。

**セラピスト**

**あなたが自分のこれからを考えて、お医者さんにも協力して欲しいと言えたらいいですね。「元の元気に戻りたい」よりも「新たな元気を手に入れたい」と考えてみるといいかもしれませんね。**

memo

「病気の人」の中には、病名をつけられることで安心する心理状態の方や、良くなることを受け入れることができるようになって初めて「以前は治りたくないと思っていた私がいました」と言えるようになる方もいます。

特にメンタルの問題の場合は、精神科医が「心の問題の専門家」だと思い、医師に委ねたいという心理状態も多いので、医師は診断し、処方をする人だという役割を把握して

**今の自分にできるかことを考え、**

**自分を病気と言う「肩書き」で縛らない**

クライアントをサポートし、症状は病気への入り口ではなく、これまでの習慣を見直す信号だと言う考え方を持ってもらえることが大切です。

## 言い換えワーク

言い換えヒント

その6

# 他者への反応症候群

# ヒントその6 他者への反応症候群

自分は人からどう思われているのか？

絶えずそのことが気になって、周囲の人々あるいは特定の他者へ過敏・過剰な反応をしてしまい、それが高じて心身に不調をきたしている人がいます。その相手が特定の場合も、不特定多数への場合もあります。

他者からみたら自意識過剰に見えるだけなので、誰もそれほど気にしていないと慰めても、本人にしてみれば「誰もわかってくれない」「こんな体験、私にしか分からない」と、聞いてくれる人を探し続けています。

「誰も気にしていない」は慰めにはならず、実は人から気にして欲しいのが本音なのに、それが上手に表現できないのです。

このケースも、過去からの「記憶の繰り返し」なのですが、他者の言動に反射的に感情が反応してしまうので、聞いてもらえる相手には、かなり長い話をしたがり、延々と話し続ける傾向があります。

しかしセラピストが「傾聴が必要」だと思って長い時間聴いてあげることも、かえって記憶の繰り返しを強化することになりかねません。

「人から言われたこと」の記憶が「また批判されるのでは？」「悪く取られるのでは？」という反応を呼び、「この不安がなくなれば」「なんでこんなことになったのか」「また悪くなってしまうのでは」という方向で廻り続けてしまうからです。

**「他者への反応症候群」とは、「人からの情報の受け止め方が、頭の中で固定してしまっている」状態です。**

怖い怖いと思っていると、小さな物音にも敏感になってしまうことがあるように、すべての情報が自分に向けて射られた「矢」のように感じてしまうのです。

このようなケースには、質問やアイデアを差し挟んで「不安がなくならなければ治らない」とか「不安をなくして明るくなりたい」などの「不安を前提にした考え方」をしていることに気づいてもらいましょう。

**「不安があろうがなかろうが、自分が安心できる状態を作り出せる」**という方向に向いてもらうためのサポートです。

例えば「薬を飲まないと眠れない。眠れないと具合が悪くなる」というクライアントで、そのことについて周りから色々なことを言われていると、延々と訴える方に、「薬を飲まなくてもすむことを目指しましょう」と言っても、それだけでは現実味がありません。

そんな場合は新しい試みとして、「朝、お日様と一緒に目が覚めることに、挑戦してみませんか？」という提案は、クライアントの気持ちを、まず「不安」から遠ざけるのに有効です。

「明日はお日様と一緒に目覚めてみようと決めて、明日、それができなくてもがっかりしないこと。お日様は毎日昇るのですから、寝る前に明日は起きてみよう、と思ってみて下さい。そして自然に早く目覚めることができたら、それがどんなに嬉しいか、気持ちが良いか味わって下さいね」

お日様とともに目覚めることに不安を持つ人はいません。すぐにできなくても、目指せばいいのです。

これは小さな提案ですが、クライアントが「できることと、できた喜び」を捕まえるきっかけとなります。

「眠れるようになること」よりも「早く起きられる」ことに視点を換えてもらうことで得られる実感が小さな自信に繋がります。

こうして「自分の感情や体調の変化」を味わうことが、「そうか、こうして自分の感じ方を換えていくことが可能だ」と、他者との関係にも応用できるようになるきっかけになります。

他人から受ける影響とは、それを受け取っている自分の「感情、思考、思い込み」なのだと気づいてもらうことは、対人関係の問題解決の大きな第一歩です。ただしそれを言葉どおりに指摘してもクライアントは受け入れられないので、「発想の転換」の提案が有効なのです。

他人を気にしてその影響に意識を尖らせるのではなく、「他人を変えることはできない」を「前提」にしながら、自分の「感じ方」を変えることができた時の喜びを実感してもらいましょう。

「過去の悩み」に付き合うよりも、「この先どうなりたいか」をサポートすることが、これからのセラピストには大切なことであり、クライアントが明るさを取り戻す方法でもあります。

前章のエピソードでは、「あなたは病気の問屋ね」と言った親がいて、小さかった時には「親がそういうからそうなのだ」と、そのまま受け止めていた本人がいました。そして、「なぜ病気になるのだろう」と考えても、誰にも聞けないままでした。

けれども10代の後半、自分で物事を考えられるようになってはじめて「親が病気を望むわけがない。親も心配だったのだ」と気づき、繰り返しを止めることができました。

仮に風邪を引いても、「あ、大きな病気かもしれない！」ではなく「少し疲れたサインだから休もう」と考えられるようになったわけです。

**このように、例えば「怖い！」という感情に支配された時、「なぜ怖いのだろう？」と考えるよりも「何を怖がっていたのだろう？」に目を向けることで、思考の幅を広げることができます。**

**思考の幅が広がるということはつまり、一過性の感情をやり過ごし、自分が「どうでき**

**るか?」を考える力を育むことです。**

「他者への反応症候群」の方々には、このプロセスをサポートできることがことさら重要です。

さて、人間の感情は「喜怒哀楽」といわれますが、細かく分類すると、キリがありません。歴史的な背景や文化・文明的の影響から五情に分ける説、六情に分ける説。七情に分ける説や、そこから派生して30～40にも分ける分類法もあります。

また、精神医学や心理学、脳科学による感情のメカニズムの研究も盛んですが、この本ではそういった諸説は各専門に譲り、

感情をもっとシンプルに考え、そしてその作用を知ることで、どういう「言い換え」「書き換え」ができるかを探っていくことにしましょう。


**極端にいうと、人の感情はたったふたつに分類されます。**

**それは「共感」と「反感」で「快」と「不快」と言い換えることもできます。**

**「いい」か「いや」かといえば、もっとわかりやすくなります。**


複雑な感情とは、この2つに様々な条件や体験が加味されたものです。

私をわかってくれるから嬉しい（共感）、わかってくれないから悔しい、悲しい、つらい、いやだ（反感）という具合です。


何かを初めは喜んで行っていたにも関わらず（共感）、途中から辛くなった（反感が起きた）時に、周囲から酷いことを言われ、傷つくと同時に自分を責めてしまう。

初めから「やりたくない（反感）」と思いながらやっていて、どうにも耐えられなくなった時にも「誰にどういえばいいのかわからず（共感を得られない）」で、苦しい作業を継続してしまう。

仕事自体は楽しかった（共感）けれど、上司の皮肉や管理的態度が耐えられず（反感）、うつ症状になった。など、共感と反感の両岸に「架け橋」を架けることができていない状態が、ストレスを増幅するという悪循環です。

特に昨今は、「いやだと思って就いた仕事（勉強）なのに（反感）、継続して行っているうちにその妙味を覚え（共感）、いつのまにか実力が身についてきた」という体験をしないままの成人も多く存在します。

自分が周囲の環境を理解するよりも、周囲が自分を理解しないことに慣れていないというケースです。

反対に、どこに行っても「わかってもらない。受け入れられたことがない」という体験ばかりで、他者との関係を築けないケースも存在します。

自分の感情を「一時的に受け入れて」、判断のための思考を巡らせる以前に、脊椎反射のように感情に反応してしまうクライアントに対して〝できること〟を共感と反感のメカニズムから考えてみましょう。

**クライアントの話を聞くには「傾聴・質問・承認」の三点が重要**で、もうひとつ、特に「他者への反応症候群」の方々にとって重要なポイントがあります。

それは**「共感」の態度で話を聴きながらも、決して「同調」しないこと**です。親身になるあまり、クライアントの物語を長時間聴き続けることは避けて下さい。クライアントの**「過去」から、新しい世界に歩みだしていただくために重要なことは傾聴しながら導きだす「質問力」**です。

メンタル関連の講座の中で、「傾聴よりも質問に注力して下さい」とお話をすると、それだけで「どういう質問をすればいいのだろう」と、ご自分の頭の中で考えだそうとする方が多くいらっしゃいます。

「今、どんな質問をすればいいのかと考え始めませんでしたか？」とお聞きするとすぐに気づかれるのですが、自分の頭で質問を考え始めると、その瞬間から相手の話を聞いていないのです。

ですから、傾聴と質問は「一体」です。

クライアントの語る言葉の中に、質問の種が潜んでいます。

例えば、クライアントの言葉の中に、「～のに」「～けど」「～れば」という言葉が出てきたら、「けど？」とか「何が〝のに〟でしょう？」と差し挟むだけでも「質問」になります。

この本の「発想転換ワークブック」の答えをご覧いただくと、4つのプロセスを経た「セラピストの言葉」に疑問形で終わっているものが多いことにお気づきになりましたか？

アドバイスや専門意見を伝えて会話を終えるのではなく、クライアントが「ふと」考えてみたくなる「質問」によって対話が続くことで、クライアントがより親近感をもち、あなたのセラピーに安心感を持ってくれます。

**「共感」はしても「同調」はしないようにと書いたのは、「他者への反応症候群」の特徴として「私はわかってもらえていない」という心理が働いているから**です。

それは「子どもの頃の訴え」を、周囲がまともに聞いてくれなかった、笑われた、無視された、邪見にされた、周囲の考えや価値観を押しつけられたなどが起因しているかもしれません。

しかしそれにも増して、周囲との関係性の中で、本人が自分を伝えたいことの「表現力」を磨く機会が少なかったのだと捉えることができます。

**だから今まで人に理解されなかったことへの共感が得られると、その気持ちを「もっともっとわかって！」というサイクルを生み出します。**

同調はその繰り返しを助長してしまうので、切れの良い「質問」でぜひ、「わかったことはできる」の領域へ、クライアントを誘ってあげて下さい。

**いずれにしても、「わかってもらえた」の安心感は重要ですので、それを助けるもうひ**

**とつの安心感は「身体的」なやすらぎもあげられます。**

不安な方、不調な方はだれでも身体が緊張しています。

**身体の感覚を感じて身体を緩めること、呼吸をゆっくりすること、あたたかくて心地よいなどの身体的実感を有効に活用すること**です。

他者への過敏な反応を緩めていくには、まず身体感覚をゆったりと取り戻すことからはじめます。

朝、布団からでる前に、ゆっくりと身体を屈伸して固いところをほぐし、長い深呼吸や

身体のあちこちをさするというリラクゼーションをするだけで、毎朝のどんよりした辛さがなくなった方もいます。

**頭と、心と、身体の全体で安心感を得ることで、感情を大きく2つに分けた「共感」と「反感」にこびりついている様々なマイナスの感情を見直すゆとりが生まれてきます。**

このように、「他者への反応症候群」とは、昇華し切れない自分の感情を、内向きに自分に向けて矢を射り続けるか、理解されない形で他者に感情をぶつけてしまうかのどちらかです。

**「惨めさ」や「嫌われたくない」そして「孤立や孤独」の感情すら「習慣」からできあがってきたこと、そして「嫌われない人生」や「怒られない人生」よりも「失敗もバネにできる人生」を過ごせるように働きかけませんか。**

「過去の事象は変えられない」けれども、「過去への解釈」は換えられます。「〜のせいでこうなった」と思っていたことが、「〜があったおかげでこう考えられるようになった」

と表現できる時、クライアントが自分自身の心身の荷物をどんどん下ろせるようになっていけます。

次のエピソードは、現在社会のあちこちで、学校のみならず職場でも起きていることだと思います。

A先生とB先生、どちらも熱心で真面目な先生だと思われますが、それぞれの価値観が「生徒」に及ぼす影響を考え、この本を読んでくださるあなたの身の回りでも話題にしていただけたらと思います。

## 〈相手目線か自分目線か〉

このエピソードは、ある教育熱心な高校の校長先生からお聴きしたものですが、その学校のクラス担任で大学進学の成績を上げていた2つのクラス、ふたりの担任の先生がいらしたそうです。

どちらの先生も生徒たちからは「厳しい」と言われており、生徒の家族からも概ねそのような評価だったとのことです。

どちらのクラスの進学率も高いのですが、それを見守っていた校長先生は、ある時、不思議なことを感じたのだそうです。

仮にふたりの先生をA先生、B先生と呼ぶことにしましょう。

校長先生が気づいたのは、A先生のクラスの明るさと、B先生のクラスの静けさでした。特にAクラスが騒がしかったわけではありません。でも何か、空気が違うと感じたそうです。

そして、観察を続けていると別のこともわかってきました。

A先生の卒業生は、なぜか卒業してからの同級会が盛んなようすで、就職が決まったことの報告などもはいるようです。

一方、Bクラスではそんなこともなさそうです。

それで校長先生は「いったい何がどう違うのか？」がとても気になり、それぞれの先生に質問をしてみることにしました。

まずA先生に聴いてみました。

「A先生のクラスはどんな指導をしているのですか？　進学率が良いと言う評価はもち

ろんですが、私が感じたのは他のクラスよりも明るいし、卒業後も先生を慕ってくる。何か特別の秘訣でも？」

A先生の答えは明解です。

「いえ、私は特別に褒めて指導するわけでもなければ、言われなくてもわかるはずのことはなるべく言いません。ミスも1回は許しても2度3度となったらキツく叱るし、できると思うことは徹底してやらせます。ひとり一人が違うのだから、その生徒がいったいどうなりたいのか、自分がゴールと思える進路はなんなのか、できるだけ聞き取るようにしているだけです。紆余曲折しても、自分で選んだ進路には喜んで向かってくれると思うのです」

ではB先生のケースはどうだったでしょうか。

「B先生のクラスは進学率がいいですね。どんな指導を心掛けているのですか？」

B先生の答えも明解でした。

「私は自信を持って指導していますよ。何回言ってもわからないことは繰り返し指摘するし、ダメなことはダメ、ともハッキリ言います。そのほうが生徒のためですからね。それにC君ができたことはD君、E君でもできて当然だとハッパをかけます。皆、優秀なはずですからね。できないのではなくて、やらないのは自分の意志が弱いからだと思うので、彼らの成長を信じて厳しく指導しています」

なお、校長先生はさらに熱心に、卒業生からも話を聞いてみることにしたそうです。生徒たちのそれぞれの評価です。

「A先生は言い方はキツいし褒めてもくれない。でも、よく相談に乗ってくれました。だから自分で選ぶことに自信がつきました」

「A先生は厳しかったけれど、なんだか僕のために言ってくれているってことが伝わってきて。自分を成長させてくれた先生です」

「B先生はこっちが凹んでいたり気持ちが落ち込んでいると怒るので、相談はできなかったです。ダメなところを言われるのでそこは頑張るしかないとは思うけれど、大学に入ったらなんだかゆるんでしまいました」

「B先生は私が自分でもダメだなあと思っているところを指摘するので、かなりキツかったです。何度もいわれると参ってしまうけど、お前たちは優秀なんだから！ってハッパかけられると合格が至上命令に思えて。志望校に入れてよかったですが、これからの進路はこれでよかったのかなと思っているところです。

A先生とB先生の違いはなんだったでしょうか。

**ひとことでいうならば「生徒目線」か「先生目線」かの違いです。**

どちらも教育熱心な先生だと思いますが、長い目で見た時、どちらが生徒の内的な指針になるでしょうか。

「ひとりひとりの違いを尊重する」という先生。

「誰もが優秀。だからできるはず」という先生。

あなたなら、どちらの先生になりたいでしょうか。

## 言い換えワーク⑲

自分の容姿が気になり、他者の目を異常に気にしています。

**クライアント　私、必死でダイエットしたので、今は「キレイね」と言われるのですが、本当の私は凄く醜いの。それを知られるのが怖い！**

４つのプロセスを踏まえて、この言葉をどのように「言い換え」ますか？

**「発想転換ワークブック」の答え〈４つのプロセス〉**

**情報を知る**

過去に自分に向けられた言葉や視線の記憶が肥大化しているということを知ります。

**理解する**

「内面を磨く」というアドバイスは、醜いということを肯定したことになってしまいます。「どうなりたいか」を理解します。

**把握する**

人は誰でも「自分がみたいように」ものを見るということを把握し、醜いと思う代わりにどう思うかを話し合います。

**実行し、応用する**

まずは他者よりも自分が自分をどうみるかに、視点を移します。

**セラピスト　過去の自分がいたからこそ、努力されたんですよね。それができた自分を認めてあげませんか？**

## 言い換えワーク⑳

会社でのコミュニケーションがうまく行かない悩みを抱えています。

**クライアント　周りの人たちは、君は変わらなくてはダメだといいます。でも僕は自分を変えたくありません。**

4つのプロセスを踏まえて、この言葉をどのように「言い換え」ますか？

### 「発想転換ワークブック」の答え〈4つのプロセス〉

**情報を知る**

なぜ自分だけが変わらなくてはいけないのか、という不満を持っていることを知ります。

**理解する**

「自分を変える」のは、相手の意のままになるということではないという理解を促します。

**把握する**

自分の側の「伝え方」を換えることで、他者の応対も変わるという実例などを話し合います。

**実行し、応用する**

言葉や態度、姿勢を変えることで、周りがどう受けとめてくれるかを体験してもらいます。

**セラピスト** 「自分を変える」というのは抵抗がありますよね。変えなくてはならない自分がいる、ということですものね。自分そのものではなく、自分の癖や習慣なら、楽しんで換えられませんか?

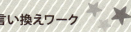

# 言い換えワーク㉑

**クライアント　子どものお母さんたちのグループがあるのですが、私一人が浮いてしまいます。でも参加しないと何か言われるし、どうしたら良いですか？**

４つのプロセスを踏まえて、この言葉をどのように「言い換え」ますか？

**「発想転換ワークブック」の答え〈４つのプロセス〉**

**情報を知る**

皆と同じでなくてはいけない、という気持ちに縛られ過ぎていることを知ります。

**理解する**

「同じでなくては」や「なにか自分も話題を持たなくては」という強迫観念は不要だという理解を促します。

**把握する**

みんなの話の聞き役になるとか、「同じ」にこだわらなくても済むような役割や、自分目線を外すことを示唆します。

**実行し、応用する**

「一緒にいなくてはならない」の枠組みを外すためのアイデアを話し合います。

**セラピスト**　**「変わり者」と見られるのがいやですか？あなた以外にも同じことを考えている方もがいるかもしれません。同調しないでそれぞれの違いを大事にしませんか。**

## 言い換えワーク㉒

母親の影響から逃れられないと感じている女性のクライアントです。

**クライアント　母が私のすべてに干渉してきます。もう結婚して子どももいるのに、年中、母親の顔が頭から離れません。**

４つのプロセスを踏まえて、この言葉をどのように「言い換え」ますか？

**「発想転換ワークブック」の答え〈４つのプロセス〉**

**情報を知る**　お母さんが実際にどう干渉してくるのか、それとも記憶の残像から逃れられないのかを知ります。

**理解する**　自分も母親のようになってしまうかも、という意識をもっているかどうかを理解します。

**把握する**

母親を嫌ってはいけないなどの罪の意識があるかないかを把握しお母さんとは別人格の自分を見いだすよう、サポートします。

**実行し、応用する**

まずはお母さんに意識を向けるよりも、自分の感情の記憶から自由になるためにできることを示唆します。

**セラピスト** お母さんを変えるのは無理なので、「ああ、それを感じているのは自分なんだ」って追い出すのではなく、まずは理解して下さいね。例えばノートを一冊用意して、左ページに「お母さんから影響を受けてしまった言葉」を書き出してみて下さい。なるべくお母さんが言ったことばを、そのまま思い出して書いて下さいね。

そして右のページには、あなたがその言葉を書き換えて下さい。書き換えてでも受け入れたくない言葉は、書き出したことで自分の外に出した、と思って記憶をリフレインしない練習をして下さいね。

言い換えヒント その6 言い換えワーク

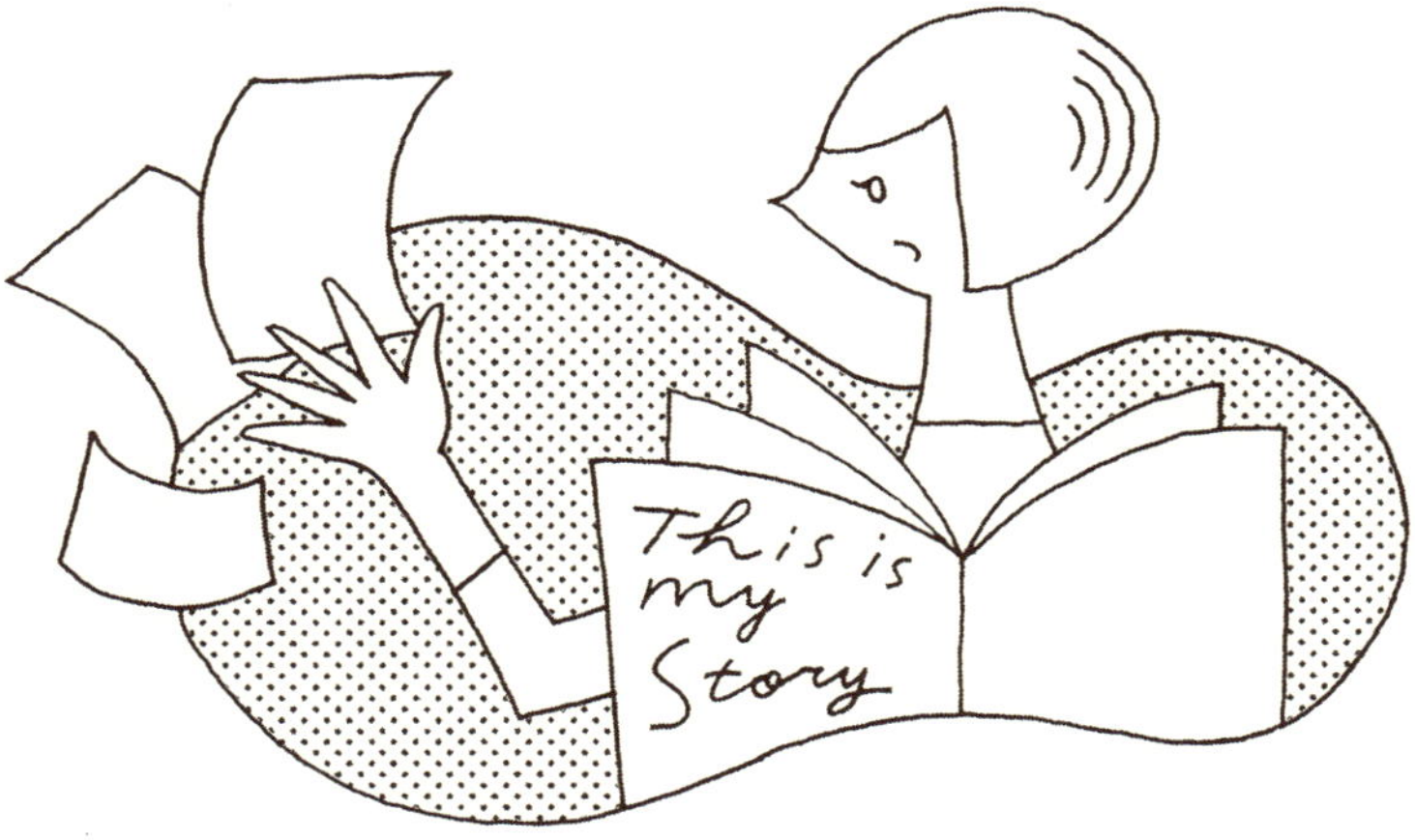

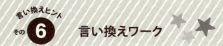

言い換えヒント

その7

# 未来を憂う症候群

## ヒントその7 未来を憂う症候群

あなたの未来はバラ色ですか？
なんの心配もなく、拓けていますか？

この問いに「はい」と答える方がいたら、あなたはどう感じますか？
「羨ましい」ですか。「そんなわけないでしょう」と思いますか。

何が起きるかわからない。何かが起きたらどうしよう。
今はいいけれど、これからの時代は？
子どもたちの進路が心配という個人的なものから、子どもたちの将来がどうなるのか、
自分だけでは変えられないと感じている未来が心配。
家族が病気になったら？　親が認知症になったらどうしよう。

会社は、仕事は大丈夫だろうか。自分の夢は実現できるのか？　などなど。

「取り越し苦労」のタネはどこを見渡しても尽きません。

「未来を憂う症候群」は、まだ見ぬ未来に対して、「こうなるに違いない」と固定化し、変化を怖がって「現状維持をよしとしたい」状態のことをいいます。ところが「現状維持」をしようにも心が不安定のままなので、ますます未来を考えにくくなってしまうケースです。

あるいは「良くなるなんて思い込もうとすると、反動が来るような気がする」と言う方までいます。

このケースの共通語は、「どうせ～」「だけど～」「そんなこと」「私には私の事情がある」「もう頑張るのはイヤ！」などです。

「私のような体験しないあなたに、私のことなどわかるはずがありません」という閉じた意識を持っている方すらいます。

そんな場合、最初はそれらの表現を否定しないであげて下さい。
人は無意識に認めていることを他者から指摘されると落ち込みます。

また、「ネガティブなことを考えないで、こうなりたいという言葉を作り、自分に言い聞かせましょう」というアファメーション（肯定的自己暗示法）を教わり、毎日唱えているのだけれど効果がない、という方もいます。

そして、「アファメーションで変わった！」という人の話を聞いて「どうして自分はダメなんだ」とかえって落ち込んでしまっては本末転倒です。

アファメーションの場合「自分に言い聞かせる」は間違いです。
「言い聞かせている自分」と「言い聞かされている自分」がいるという自己矛盾を起すからです。

例えばうまくいかないというクライアントのお話を聞くと、せっかく毎日「自分はすばらしい。私は私が大好きです」と唱えていても、全く別の場面で何かが起きた時「これは自分のせいだ！　私が間違った」と自分を責めることがある、というのです。つまり後者を肯定している自分が居るわけです。

これではせっかく「ポジティブな言葉」を自分に言い聞かせても、常に反対の自分も承認しているのです。

そんなクライアントには、次のような対話をします。

「ポジティブな言葉のおまじない」を作るのではなく「これは自分のせいだ！　私が間違った」のほうを「書き換え」てみませんか？

ただし、「私のせいじゃない。私は間違ってない」ではありません。

これではただの「臭いものに蓋」ですね。

たとえば「わたしのせいにするのはもうやめよう」と自覚し、「間違いがあるならば、それをこういうふうに変えよう」という具体案を考えます。

条件反射から逃げないで理解・把握することで、言い聞かせるまでもなく、それは自分の行動を換えることに繋がります。

もしもアファメーションをしたいならば、このプロセスを経た上で、「自分はすばらしい。私は私が大好きです」と唱えたときの「感情」が、前と違っているかに注意してみて下さい。うまく行く人は、そこで気持ちがワクワクしてきます。

**「ポジティブな言葉を唱える」からそうなるのではなく、「自分を責めていた根拠を見直す」ことで、「切り替え」のきっかけにする**のです。

そして過去の痛みを掘り下げなくても、自分を切り替えることができる力に換えていくことを身につけてもらいましょう。

クライアントの仕事になぞらえて、未来志向を身につけてもらうこともできます。

例えば「顧客からクレームが出ないように頑張る」と考えるのと、「顧客が欲しかったことで喜んでもらえるよう、何ができるか」と考えるのでは、どちらが過去に重点を置き、どちらが未来志向でしょうか？

そしてどちらが「やる気」がおきますか。

前者は「問題を作り出す人たちがいる」と考えていることですし、後者は「自分たちの実力を期待してもらえる」ではないでしょうか。

家庭の中でも、職場でも学校でも、後者の発想をできるテーマはたくさんあると思います。

**クライアントの現実に合わせて、「どう言い換えるか、書き換えるか」を一緒に考えて行きます。**

認知症になってしまった親の介護をしている方に「親を叱ったらいけないじゃないか」と正統なことを言っても「わかってることを言わないで。私の大変さもわからないくせに」という反感と、「ああ、親を叱る自分はダメ」と自分を傷つける方向に向いてしまいます。さらには「これから先、どれだけそれが続くの？」という未来を憂う気持ちさえ生みます。

正統なことをいうよりも、「親にどういう言葉を使ったら、快適に過ごせるかな」と「新しい表現」を作ることを促して下さい。

アファメーションも「方法論」ではなく、「自分を切り替える道具」として、「使い方」を身につけてもらいましょう。

ここでもうひとつ大切なことは、「書き換え」した後の「行動のしかた」や「価値観の持ち方」も判断材料であり、たくさんのバラエティーがある、ということです。

**どのような人間関係が快適か？　苦手な環境、避けたい関係性は？　自分はどんなことに価値を見出し、どんな人間になりたいと思っているのか。**

本当は、それは**ひとり一人違っていいはずです。**

人は過去の閉塞感から逃れると、「自分らしく」とか「好きなことを生き甲斐に」とか「行動すれば変えられる」などを考え始めます。

そしてそのようなうたい文句のセミナーが巷にあふれています。

そういったセミナーの場合、自分がこれからどうなっていきたいか、自分のタイプを知っていないと、「感情」に突き動かされて「行動すること」の絶大感に酔ってしまう場合があります。

特にまだ「新たな人間関係の免疫」ができていない人の場合、自分のタイプには合わないことを周囲から促され、更には周囲がどんどん実行する姿を見て、それができない自分を良くないと見てしまう傾向があることを知っておいて下さい。

アファメーション以外にも、「まずは行動してみることだ」とコミットを求められた場合、すぐにそれにのれる人と逡巡している人がいます。

行動が求められる空気の中では、行動できないことはいけないことのような印象を持つのは当然です。

でも、もしも自分の中に「それは安易すぎるのではないか？」とか「本当にそれでいいのか？」という疑問を感じたらあなたはどうしますか？

この場合、ほぼ同時に「走りながら考えればいいんだ」とか「初めの一歩を踏み出すことだ」という声が、周囲の仲間や自分の中からも聞こえてくることが多いと思います。決断ができないと、自分でも「結局覚悟が足りないだけだ」と思ってしまうかもしれません。

そんな場合は、ぜひ自分の心に「何かをごまかしていないか」あるいは「自分は何のために働くのか」という質問をして下さい。

実際にメンタル関連のクライアントの中には、結局「自分の努力が足りない」と自分を責めたり、逆に感情が突き動かされて行動したあげく、思ったような結果がでなかったり、一時の花火のように終わってしまう方もたくさんいます。

この本は様々なセミナーを否定するものではなく、むしろ「自分のタイプ」を見直しながら、理解力、把握力をアップさせ、「自分自身の行動規範」を作っていくものだと捉えて下さい。

大切なことは、「**自分に相応しい行動を、目標達成の手段にする**」ということだと考えて、自分の「タイプ」にも注意を払ってみていただきたいと思います。

自己分析や心理分析、性格診断や様々なタイプ別の分類もたくさんありますが、ここでもまたシンプルに、人間のふたつの「タイプ」について考えてみることにします。

**タイプA**は

小学校の頃から先生の質問に「はい！」とすぐに手を挙げるタイプ。

**タイプB**は

質問がわからないのではなく、自分なりにわからないと手を挙げられないタイプです。

AとBの間のグレーゾーンは細かくわけたらキリがなく、またAタイプだった子が急におとなしくなったり、Bタイプの子が能動的になったりすることもありますが、それは環境により変化するもので、基本的にタイプは2つと考えてみます。

社会人になってからの区分でいえば、例えば会議で「この案は理解できるけれど、このままで良いとは思えない」と言うのがタイプB。

「それならすぐに代案をだせ」というのがタイプAです。

多くの場合は、タイプBがじっくり考えて新しい案をだす前に、「前例に習って」わかりやすいA案が決定され、タイプBもそれに従うことになります。

学校でも職場でも、タイプAの言うことが通り、タイプBはそれを追随するというパターンが多くあるのではないでしょうか。

人よりも先んじてやりたく、自分のやり方に合わせて欲しいタイプA。

じっくり取り組み、ひとりでも達成を目指すタイプB。

どちらのタイプの場合でも、この本で示すプロセスを経て「言葉の書き換え」はできるのですが、そこまで誘うためには、このタイプを見分けて接することが早道になる場合があります。

この本では精神科や心療内科で行う「病気」を取り扱っているのではないので、あくまでも「言葉があなたを作っている」という観点から、クライアントに対して働く「書き換え」を進めています。

もっとわかりやすい表現で書くなら

・おだてにのりやすいタイプA、萎縮しやすいタイプB
・どんどん突き進んでいくタイプA、深く考えないと動けないタイプB
・周りも巻き込みたいタイプA、少し距離を持つのが好きなタイプB

などの違いがあげられます。

どちらが正しいか正しくないかではなく、この違いは「**自分に相応しい行動を、目標達成の手段にする**」ところに現れます。

例えばAタイプは「思いどおりにいかなかった！」という挫折をしたことで「未来を憂う症候群」になると自暴自棄の方向に行きがちです。

Bタイプの場合は、最初から「Aタイプに押しのけられてきた」という体験が重なることで「未来を憂う症候群」に陥ると、引きこもって社会から離脱したくなります。

コミュニケーションのパターンでいうなら「言葉の防御壁を作って相手の言葉を入れまいとするか、弾き返そうとするAタイプ」。

「のれんに腕押し、何を言っても反応が乏しいけれども、時々自分がいかに傷ついているかを誇示しようとするBタイプ」という区分です。

このタイプの仕分けは、ヒント1の冒頭に記した「そのつもりがないのに上から目線」と受け取られたりする場合の参考になります。

同じ言葉を使っても「相手が攻撃してくる」と相手のせいにする敵対目線のタイプAか、「自分が責められている」と自虐目線のタイプBかの違いがわかれば、セラピストのほうの言い換えも進むからです。

具体例は、この章の「言い換えワーク」をご参照下さい。

タイプを識別することが目的ではなく、あくまでも「言い換え」「書き換え」の効果があがることを目指すためのひとつの指針です。

ここでふたつのタイプとして取り上げたのは、例えば同じ講座やセミナーを受けたのに、「自分だけがまだできていない」という気持ちに陥っているクライアントがいること。

反対に「過剰に舞い上がって行動したけれど、再び壁にぶち当たって佇んでしまった」というクライアントもいます。

その「どちらであっても、新しい未来を構築できる」ことをサポートしてほしいからに他なりません。

再度簡単に、この本の使い方をまとめておきたいと思います。

## 悩みの9割は「言い換え」で消せる

この本は、自分の「感情」も「思考」も、自分が過ごしてきた環境から取り入れてきたことを再認識することから始まります。

そして、普段何げなく使っている言葉が、じつはどういう作用をしているのかを理解することは、その言葉の意味と内容を他者に説明できると言い換えることができます。

さらに言葉の解釈をしっかり見直すことで、客観的に見ても、他者に意味と内容、そしてその背景を、正確に伝えることができることが、「把握」したことになります。

それに基づいてクライアントへの対応を実行し、応用します。

それは、「自分がいいたいことが言えている」のではなく、相手が「共通認識として受け取ったか」を、確認できることでもあります。

それによって新しく考え出した言葉にしたがい、新しい行動を生んで行くためのナビゲーションです。ぜひおおいにご活用ください。

そしてクライアントもあなた自身も、ご自分の未来を選び取っていっていただきたいと願っています。

言葉には「感情」が伴いますが、同じ言葉を使っても、そこに共感を感じるか反感を感じるかの違いで、コミュニケーションの問題が生じます。「感情」を乗せて話す場合には、それが喜びか怒りか、悲しいのか楽しいのか分かりやすいですが、特に感情を乗せないで話している時でも、何かの言葉に相手が過剰反応することに驚くことはどなたにもあるのではないでしょうか。

毎日使う言葉にいちいち神経を尖らせる必要はありませんが、時には家族や友人たちと、同じ言葉でもどんな気持ちで使っていたのか、どんな思いを込めていたのかなど、話題にしてみるのも良いものです。

なぜなら、何げない一言を言った本人は忘れているのに、言われた側は忘れられないことがあるからです。

「忘れられないことば」が、言われた側を傷つけるものではなく、一生の宝にしたい言葉になるとしたら、それは人生の大きな贈り物です。


それは褒めそやす言葉でも、教訓的な文言でなくてもいいのです。

例えばある業界で大成した経営者の方が、語っていたことがあります。

「僕は子供の頃からあれこれやりたがりでね、自分で勝手に舞い上がって『凄いことを考えた、絶対うまく行く！』というと母がこう言うんだ。

『まだわからん』

そして、やってみたけど失敗して、『ああ、もうこれはダメだ！』というと母がこういうんだ。

『まだわからん』

僕が事業を興して波乱を乗り越えてこられたのは、いつも耳元でこの声が聞こえていたからかもしれない」
母親は「まだわからん」という言葉の意味や根拠を元にしていたわけではなく、また特別な感情を乗せる訳でもなく、気分の浮き沈みの激しい息子をみて、ふと漏らしたのかもしれませんし、ご自身の人生の波乱の中で、自分に言い聞かせていた言葉かもしれません。
いずれにしても学校で教えてくれることでもないこの一言が、成人した息子の人生の支えになったのです。

**言葉が「昇華」して人生の軸になっていく。**

あなたもぜひそんな体験をし、また、そんな影響を与えられるようになって下さい。

## シンプル書き換え問題集①②の解答

Ⓐ 静かにしましょう

Ⓑ ひとつづつ、片付けようね

Ⓒ ちゃんと言葉にしてみて

Ⓓ 姿勢をよくしましょう

Ⓔ 何ができないか、言ってごらん

Ⓕ 丁寧に扱いましょう

Ⓖ 勉強は進んだかな？

Ⓗ 試験がんばろうね

Ⓘ どうしたら力がでるかな

Ⓙ 楽しむ工夫をしようか

Ⓚ どう言えばわかるかな

Ⓛ ちゃんと説明してごらん

ⓂⓃ 例：乱暴な言葉はやめてきちんと言ってね

Ⓞ あなたにわかるように説明するとね……

My
Favorite
WORDS

## 言い換えワーク㉓

婚活をしていますが、相手の態度にイラついているクライアントです。

**クライアント　私が「安心したいので、あなたのことをもっと教えて」というのに、はぐらかされている気がするんです。**

４つのプロセスを踏まえて、この言葉をどのように「言い換え」ますか？

**「発想転換ワークブック」の答え〈４つのプロセス〉**

**情報を知る**

「安心したいので」と自分目線で言っているのは、典型的なタイプAだと知って下さい。

**理解する**

相手を知りたいといいながら、自分の不安の解消するためにこのような言い方をしていると理解します。

**把握する**

「結婚」という目標のために、その人を知りたいと思っている表現だと把握した上で、言い換えを一緒に考えます。

**実行し、応用する**

未来を固定化して考えない表現を促します。

**セラピスト　あなたの「安心」のためにではなく、その方のことを本当に知りたいと思っていますか？**

## 言い換えワーク㉔

将来への漠然とした不安を長い年月、抱えたままのクライアントです。

**クライアント　夫は昨年心筋梗塞で倒れ、今はリハビリ中ですが、私は何年もうつなので、早く治さなくては、と不安でたまりません。**

４つのプロセスを踏まえて、この言葉をどのように「言い換え」ますか？

**「発想転換ワークブック」の答え〈４つのプロセス〉**

**情報を知る**

うつの症状が悪化することへの心配がすべてになり、能動的な考えが浮かばない典型的なタイプBです。

**理解する**

治さないとと考えているために、「時間どおりに寝なくては」、「三食きちんと摂らなくては」など、生活のパターンを変えることへの強迫観念があることを理解します。

**把握する**

用心に用心を重ねて「治る」ことを目指すよりも、少し生活を変えても大丈夫な自分を発見できることを把握してもらうための対話をしてみます。

**実行し、応用する**

日常の中で、自分は大丈夫だと感じられるような簡単な行動を示唆し、考えてもらいます。「就寝時は薬を飲んでいるのか」、「朝は起き難いのか」、日常の行動パターンをヒアリングするのも大事です。

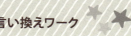

セラピスト　朝は目覚ましなしで起きていると言うことなので、明日から「太陽とともに目覚めよう」と思いながら寝てみませんか？　明日、できなくてもいいんです。

小さな目標だけど、楽しみにして、実際にお日様に挨拶したら、どんな気持ちになるかを味わってみませんか？

これならできる、と実感できることを、少しずつ増やしていきませんか。

## 言い換えワーク

## おまけのヒント 高齢者と、その家族との対話

さて、ここまで読んできてくださったあなたは、これからは自他を「叱咤激励」するよりも、「一緒に考え、言葉と行動を換えていく」という面白さを感じていただけているでしょうか。

前章にも少し、「認知症になった親」について書きましたが、このおまけのヒントでは、誰でもが迎える「高齢期」そして「死」について、この本の基本的な考え方で見ていくことにしましょう。

いうまでもなく人は誰でもが年をとり、やがて死を迎えます。

現在、巷には様々な形で「今後の日本社会」の情報が流れ、どことなく「これまで

にない高齢化社会」の到来は見聞きしていると思います。
それは「明るいイメージ」でしょうか。
それとも「大変なイメージ」でしょうか。
「その時にならないとわからない」と見ることを避けたい未来でしょうか。
それとも「今から対策ができるはず」と考えられますか？

親の介護や自分の高齢期など、いまの自分の生活にはまだほど遠い、親もまだ元気だしという方も、なんとなく親のことが気がかりではあるものの、まだ何事もないうちに、何から、どこから始めておいたら良いものなのか、考え付かないという方も多いのが現実です。

メディアによる情報では「今後認知症になるのは高齢者の４人にひとり」と言われているけれど、うちの親はならない方に入るのではないかと楽観視したい気持ちもあるかもしれません。

しかし、それは突然やってきます。

現に、40代、50代の働き盛りの方々が、故郷で倒れた親のために離職して介護につくという事実が各地で起きています。

仮に認知症にはならなくても、突然の入院からバタバタと介護生活が一気に始まってしまうケースも多いのです。

親の年金と自分の蓄えで両親の介護を続け、親を看取ったのちの自分の生活はどうするのか？ということに考えの及ばない現実もあります。

一方、離職はせずに、親を中心に医療と介護の体制をしっかり組んで、親も自分も「生活のパターン」を整える生き方もあります。

後者の生き方を選ぶために必要で、今すぐにでもできることはなんでしょうか？

準備不足で自分たちの人生設計までが狂わないようにしておきませんか？

怖いのは、認知症になるかならないかではなく、認知症そのものを知らないことや、「家族の老いの設計図」を考えることなく過ごしている現在の状況ではないでしょうか。

親と話はしておきたいけれど、なかなかそんな機会がつかめない。話のきっかけがわからない。介護や死のことなど、家族で話題にできる雰囲気ではない、そんな声も聞こえてきそうですが、そういった考えも実はこれまで過ごしてきた自分たちの生活史の中で育まれたものです。

そして、まず知っておきたいのは「暗くて重くて長い介護生活」は「不安から生まれる」ということです。

心身の不自由があっても、「明るく楽しい介護生活」を送ることができるためには、実は「高齢者の抱える不安」と「周囲が抱える不安」を増幅させないことが肝心なのです。

それではまず、高齢者の「不安」について考えてみましょう。

想像してみて下さい。

- **なんだか体力が、がっくり落ちた。**
- **このごろ頭がはっきりしない。**
- **散歩や入浴が億劫になった。**
- **眠れない。あるいはいくら寝ても寝た気がしない。**
- **もの忘れが多くて、なんだか怖い。**

自分が高齢になってこんな「不安」が起きたら、あなたはすぐに家族に伝えられますか？

「認知症の本人には、その自覚がない」というのは大間違いです。

一番最初に気づき、不安で心配で苦しいのは本人なのです。

そして「これからどうなっていくのか、どうなってしまうのか」がわからない苛立ちから、自分の心を守ろうとするための自衛本能として、やり場のない怒りや悲しみを爆発させる、あるいは引きこもってしまう。

それが最初のきっかけのことが多いにもかかわらず、周囲もなんとなくそういう親を見て「年をとったからしょうがない」「歳をとると頑固になるというけどほんとうだな」「まあ、年相応の老化だよ」などとやり過ごしてしまう。

実はこのやり過ごしてしまう心理も「そんなわけはない」「まさかうちの親が」と、考えることを避けたい「不安」からきています。

あるいは親に直接「ちょっとそれって認知症じゃないの！」と言ったり、家族の間で「お母さん（お父さん）この頃おかしくない？」などと噂して逆に親の不安を増幅し、医者に行くことを勧めても頑なに「行かない！」と言わせてしまっているケースもあります。

この時期に家族が「なんだか性格がかわった」「意欲や興味を示さなくなった」と

いうサインから、親の不安や恐怖を察知し、適切な関係を築くことで親の自信を取り戻すことも不可能ではありません。

しかしその時期を見過ごしてしまい、**「中核症状」**（註その1）が進むと、その場の状況が読めないために起きる様々なパニック＝**「心理・行動症状（BPSD）」**（註その2）が際立ち始め、本人も周囲も「さらなる不安」に追い込まれていってしまう。そのパターンから脱却しましょう。

認知症は長いこと、「なってしまったら治らない」とされてきましたし、今でもそう考える方が多いと思います。

しかし「病気として治る、治らない」ではなく、症状や生活の質の「改善」はかなりの範囲でできることがあり、認知症であっても幸せな生活を送ることができるということが、様々な領域の研究からわかってきています。

「早期発見で薬で治せる」という考え方もあります。

「医療機関や高齢者施設に任せて、経済で支える」という考え方もあるでしょう。しかし、親の高齢化をきっかけに、家族の心が寄り添い、お互いの負担を鑑みての「医療・介護体制のサポート・チーム」を編成することも可能です。家族のだれか一人が犠牲になるのではなく「キーパーソン」として、そのチームプレーを編成することを考えておきませんか。

この短い章では、その全貌をお伝えすることはできませんが、まずは「中核症状」と「行動・心理症状」の違いを知り、それにどう対処するのか。

また、医療・福祉行政にはどんな制度や活用法があり、何を知っておけば安心なのかのきっかけを掴んでいただければと思います。

一度限りの人生です。親の介護や看取りを通して、自分の高齢期を考え、これからの時代に向けて「自立・自律」しながらも、快適な人間関係の構築を、あなたもどうぞ目指して下さい。

## 《註その1》　中核症状

中核症状は、脳の細胞が壊れることによって直接起きる症状のことです。大事なことは、「壊れる細胞によって起きる症状は違う」こと。

「認知症と診断されたので、何もかもわからなくなる」と捉えないことです。生き残っている細胞を活用、活性化して、「新しい習慣」を作っていくことで、生活の質を保つことができる、という考え方をして下さい。

中核症状として生じることは、

**①記憶障害……主に短期記憶が失われます。**

「もの忘れ」と「認知症」の違いを知っておきましょう。

もの忘れ＝起きた出来事の一部や、固有名詞が思い出せないこと。前夜何を食べたかをすぐには思い出せなくても、食べたことを覚えていればもの忘れです。

人の名前が思い出せない。物の置き場を思い出せない、約束を忘れるなどももの忘れのうちです。慌てずにゆっくり思い出す訓練をして「年だから」などと諦めないことも肝心です。

認知症＝起きたことの全体を忘れていること。食べたこと自体を忘れている。目の前の人が誰だかわからない。約束したこと自体を忘れている。数分前の記憶が残らないなど。

認知症の場合でも軽度のうちにできるトレーニングで、進行を遅らせることも可能です。

**②見当識障害……時間や季節の感覚が薄れる。場所や人物の状況が把握できなくなる。**

**③理解・判断力の障害……処理できる情報が極端に減る。**

**④実行機能障害……計画や段取りができなくなる。**

**⑤感情表現の変化など。**

## 《註その2》心理・行動症状（ＢＰＳＤ）

心理・行動症状（ＢＰＳＤ）として生じることは、不安、うつ状態、幻覚・妄想、徘徊、興奮・暴力、不潔行為、その他などです。肝心なことは、「中核症状」は治りにくいとされていますが、中核症状の程度に関わりなく、心理・行動症状（ＢＰＳＤ）は、周囲の環境しだいで、かなり「改善する可能性がある」ということです。

心理・行動症状（ＢＰＳＤ）は、本人の「性格や素質」そして「周囲の環境による心理状態」が関係するために、周りからも「手の施しようがない」と受け止められてきた傾向がありますが、基本は「自信を失うことによる不安や恐怖」に根ざし、プライドの喪失や自己否定感、自分が役に立たない、存在理由を失う、などが症状に拍車をかけます。

認知症ではない人が、認知症を理解することは不可能かもしれませんが「症状の現れかた」をどう受け止めるかによって症状が軽減していくことを知って、快適な刺激（笑い）や対話、日常の役割を持ってもらうなどの対応を工夫していきましょう。

家族だけで抱え込まずに、医療や福祉の相談窓口（地域包括支援センターなど）を訪ね、介護サービスの受け方や認知症への理解を深めることで、毎日の対応が変わっていきます。地域での連携やお互いのサポートなども、これからの視野に入れてみて下さい。

## 高齢者との対話ワーク

この章では、「言い換えワーク」の代わりに、高齢者への対応の幾つかを記しておくことにします。大事なことは、高齢者の気持ちを「萎縮」させる言動をとらないこと。

「どなる」「叱りつける」「からかう」「笑顔を見せない」「放置する」などの行為は、それが「心配のあまり」であったとしても、心理・行動症状（ＢＰＳＤ）を悪化させ、萎縮して引きこもる、うつ傾向を帯びるの他にも、徘徊や興奮・暴力を引き起こす引き金になってしまうことがあるのです。

排泄の失敗もまた、当初は本人のショックは計り知れません。失敗の原因は様々です。身体機能の衰え（便意などの喪失）も考え合わせて、本人のプライドを傷つけないための理解が必要です。

「もの取られ妄想」が「自分が忘れるわけがない！」という思いの裏返しであったり、「徘徊＝家に帰る」の家が、今はもうない2〜3歳頃に過ごした家のことであったりするということもあります。

大事なことは、双方のストレスの軽減を工夫すること。

環境の「安全」を確保しておくことに加えて、介護する側、される側の両方が「安心・快適・機嫌よく」いられる環境の整備に努めてみて下さい。

# おわりに

私たちが毎日使っているなにげなく使っている「言葉」の数々。

「言葉は大切」ということは誰でも知っているのに、どれだけ「無意識な習慣」で言葉を使っているかを感じ取っていただけたでしょうか。

「言い換えワーク」で使用したサンプルは、この本を編纂した「国際メンタルセラピスト協会」のクライアント向けに、実際の「メンタルセラピー」を行った内容を元にしています。

メンタルセラピーは「たった一回」で終了するものではなく（初回は60分、2度目からは30〜60分が通常です）、中身の対話は書き切れていませんが、それでも傾聴を主体にしたカウンセリングよりはずっと早い成果が生まれ、なによりもクライアントのみならず、セラピスト側も元気になる、とセラピストたちにも好評です。

「メンタルセラピー」の基本を作られたのは、ご自身が医師になってから「うつ」に悩まされ、7年間「抗うつ薬」を飲み続けた宮本賢也先生です。

「一生薬を飲み続けるなんておかしい」「一体、健康とはなんなのだ？」「医学部で勉強してきたことは、健康の概念ではなく、診断と処方という医師の役割だった」などの考えから現在の医療とは別の視点を持つに至り、現在は「薬を使わない精神科医」として活躍していらっしゃいます。

メンタルセラピーの基本的な考え方は

- **どうしたら嬉しくなれる？**
- **人生に正解はありません。**
- **これから「どうなりたい」のでしょう？**

などの肯定的な未来志向のイメージを、クライアントが描けるようになるサポートをすることです。

「うつになりやすい考え方」を手放し、症状を「サイン」と考え、「やらされ感」や「〜べき」「〜ねば」という呪縛から解放され、過去に縛られない自由な未来を描ける自分を見つけ出す。

そしてそのことがもたらす自分自身や関係性への影響を、日々実感していくことができるようになることです。

この本では、この基本的な考え方を「どのようにしたら持つことができるか」について、心身の不調をきたす前に気づき、実践していただきたいという希望から編纂されました。

どんな体験をした人でも、それを様々な角度や俯瞰した目で観る目を育て、それまでとは違った解釈に辿り着くことを目指せば、負の過去を持っていても、未来に前向きになることができます。

現実とは唯一絶対のものではなく、価値観の枠組みを広げてみれば、実に多種多様な世界観をもつ他者に出会い、その存在の理解や解釈から人生の未来が拡がります。

どうかあなたも、たくさんの新しい言葉を生み出し、柔軟な人間関係と自由な精神を宿す未来を創るためにお役立て下さい。

（株）ジェイ・コミュニケーション・アカデミー内
国際メンタルセラピスト協会

※214頁にありますように、（株）ジェイ・コミュニケーション・アカデミーは「メンタルセラピスト養成講座」以外にも「心と体の癒しのスペシャリスト」を養成する講座を数多く行っております。この本に著された「言葉」「コミュニケーション」のテーマは、様々なセラピストの方々にも活用いただける付加価値です。新講座「メンタルコミュニケーション・セラピスト養成講座」もぜひご活用ください。

# 国際メンタルセラピスト協会

International Mental Therapist Association

## ●●● 国際メンタルセラピスト協会とは ●●●

国際メンタルセラピスト協会は、「身体と心の癒しと健康」をテーマに、様々な分野のセラピストを養成している株式会社ジェイ・コミュニケーション・アカデミーを母体として、2008年４月に発足しました。

メンタルセラピーとは、医者になってから「うつ」を発症し、自ら7年間も「うつの薬」を飲み続けていた経験を持つ、精神科医の宮島賢也先生が、自分の「考えかたの習慣」を変えることで薬を手放し、うつから解放された体験をもとに考案されたものです。

現在、宮島先生は「薬を使わない精神科医」として、湯島清水坂クリニックの院長を勤めながら、株式会社ジェイ・コミュニケーション・アカデミーで「メンタルセラピスト養成講座」を開講し、また精力的に全国での講演活動も行っています。

## <メンタルセラピスト>になるには

①本部で宮島賢也先生が行う「メンタルセラピスト養成講座」を受講し認定を受ける。
国際メンタルセラピスト協会の名刺を作り、活動することができます。

## <チーフメンタルセラピスト>として活躍するには

②「湯島清水坂クリニック」にて「アドバンス・コース」を体験する。
または本部にて「メンセラビジネス講座」を受講することで、株式会社ジェイ・コミュニケーション・アカデミーからの仕事の受託、ならびに「メンセラ教室」を開催することができます。

③メンタルセラピーは「ノウハウ」ではなく「考えかた」や「生き方」に及ぶものなので、現在では「うつの方々」へのアプローチのみならず、ご自分の専門を活かして、カウンセリングやコンサルティング、整体などのボディーワークや、高齢者向けのコミュニケーションなどにも活かしている方が増えています。

## <メンタルセラピー>を受けるには

④「メンタルセラピー」そのものを受けていただく窓口もあります。
宮島先生ならびに、チーフメンタルセラピストが担当します。
詳しくは国際メンタルセラピスト協会のHPをご覧ください。

**国際メンタルセラピスト協会（IMTA）**

〒163-1490　東京都新宿区西新宿3-20-2 東京オペラシティー２F／B１
株式会社ジェイ・コミュニケーション・アカデミー内

電話：03-3373-2378　FAX：03-5333-2307

URL：http://www.mentaltherapy.jp/　E-mail：info@mentaltherapy.jp

**国際メンタルセラピスト協会**
**代表理事　治面地 順子**（じめんじ じゅんこ）

スポーツ医学博士
筑波大学大学院人間総合科学博士課程（スポーツ医学専攻）修了
筑波大学大学院体育研究科（スポーツ科学専攻）修了
日本大学大学院情報処理学科修士課程（人間科学専攻）修了
慶応義塾大学・成城大学短期大学部卒業
株式会社ジェイ・コミュニケーション・アカデミー　代表取締役
国際メンタルセラピスト協会代表理事。日本ハーブセラピスト協会代表。日本カラーセラピスト協会代表。アルファビクス代表。アルファマタニティー代表
日本育児アドバイザー協会代表。
体と心の癒しと健康をテーマにセラピストやインストラクター。
講師の育成派遣業務を行う。セミナーや企業研修の講師としても活躍。

**◎国際メンタルセラピスト協会 www.mentaltherapy.jp**
**電話:03-3373-2378**

**専務理事　宮島 賢也**（みやじま けんや）

開成中学、開成高校、防衛医大卒業
防衛医大病院、自衛隊中央病院で研修を経験
オーストラリアで家庭医研修を経験、自衛隊中央病院で精神科医官として勤務
自律神経免疫療法の湯島清水坂クリニック　院長
国際メンタルセラピスト協会　専務理事

**執筆担当　椎原 澄**（しいはら すみ）

ビジネス・プロデューサーとしてプロジェクトのプロデュースに従事するほか、企業研修、学校教員研修などを手掛ける。
株式会社ジェイ・コミュニケーション・アカデミー　講師
一般社団法人事業創造協議会　代表理事

## ジェイ・コミュニケーション・アカデミー癒しのスペシャリスト養成講座

- メンタルコミュニケーション・セラピスト養成講座
- メンタルセラピスト養成講座
- メンタルコミュニケーション・ビジネス講座
- アルファフットセラピスト養成講座
- アルファボディセラピスト養成講座
- アルファビクスインストラクター養成講座
- アルファマタニティーインストラクター養成講座
- アルファヨガインストラクター養成講座
- ハーブセラピスト養成講座
- アロマボディーセラピスト養成講座
- カラーセラピスト養成講座
- 育児アドバイザー養成講座
- 介護フットセラピスト養成講座
- フラワーエッセンスセラピスト養成講座

**（株）ジェイ・コミュニケーション・アカデミー**

〒163-1490　東京都新宿区西新宿3-20-2 東京オペラシティ2F
電話：**03-3373-2378**　**URL**：http://www.j-c-a.co.jp

## BOOK Collection

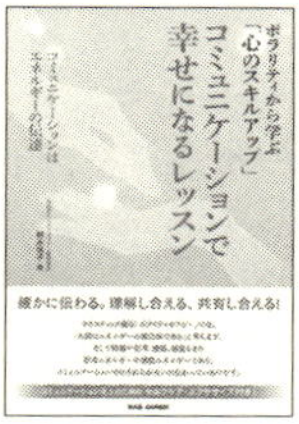


ポラリティから学ぶ「心のスキルアップ」

### コミュニケーションで幸せになるレッスン

コミュニケーションに必要なのはハートの癒しと自己肯定感。対人関係がスムーズだと生きることが心地よく、人生は輝きます。本書は、「人間はエネルギーの複合体」と考えるホリスティック療法「ポラリティセラピー」の考え方をベースに、望ましいコミュニケーションのあり方を解説します。セルフケア・エクササイズつき。

●鈴木涼子 著　●四六判　●248頁　●本体1,600円+税

心療内科の現場でも実践!

### 「心の治癒力」をスイッチ ON！

人は誰でも「心の治癒力」（自分を癒す力）を持っていますが、その力が十分に発揮されないと抱えている悩みや問題は解決されません。本書では、クライアントの「心の治癒力」を最大限に引きだすためのコミュニケーションスキルを現役医師がご紹介します。セラピスト、カウンセラー、看護師、医師など、心身のケアに携わる全ての人に必携の1冊です。

●黒丸尊治 著　●四六判　●224頁　●本体1,500円+税

スピリチュアル Dr. に聞く!　**人生相談の処方箋**

人生の問題や悩み、スピリチュアルなことに対する疑問や質問……。そんな相談に、「ゆほびか」「壮快」「女性自身」「週刊新潮」など雑誌掲載多数の、お医者さんでありヒプノセラピストの萩原優先生がお答えします。スピリチュアルな世界のしくみを知れば、生きることがもっと楽に、心地よくなります。

●萩原優 著　●四六判　●184頁　●本体1,500円+税

ドクター奥田

セラピストのための **ストレスケア入門**

<精神科医が書いた自己マネジメント術>ストレスと上手につきあうと、やる気や行動力が強化され、<精神科医が書いた自己マネジメント術>　本書はセラピスト自身が自分のストレスをケアし、夢や目標の実現に向けて毎日を過ごすことでクライアントを癒す力をアップさせる「セルフサポートコーチング法」を分かりやすく紹介。アロマセラピストほか、癒し業界で働く人に必見の一冊です。

●奥田弘美 著　●四六判　●240頁　●本体1,600円+税

一度でも悩んだことのある人は

### きっと素晴らしい<br>心理カウンセラーになれる

多方面で活躍中の著者が、OL から一念発起してプロの心理カウンセラーになり、メンタルトレーナーとして五輪選手を支えたり各方面で活躍するまでの、半自伝的な実用書です。プロのカウンセラーとして生きていくために大切なことがつまっています。

●浮世満里子 著　●四六判　●220頁　●本体1,400円+税

## BOOK Collection

筋肉反射テストが誰でもできる

### 1《イチ》からわかる！ キネシオロジー

「心の声を体に聞いて健康で幸せになる」 腕を押して筋肉反射をテスト。健康状態や、意識の奥深くにある不調の原因を探って、心身ともに健康な状態に導く･･･。世界 105 カ国以上に広がる代替療法をわかりやすく解説。

●齋藤慶太 著 ●A5判 ●192頁 ●本体1,500円+税

マンガでわかる!

### キネシオロジー入門

「心の声を体に聞いてトラウマ解消!」 カウンセリングと筋肉反射をテストで潜在意識に潜む根本原因を探る。本書ではキネシオロジーの基礎とセラピーの事例をマンガで紹介。お医者さんもお薦めのセラピー・メソッドです。

●齋藤慶太 著 ●A5判 ●220頁 ●本体1,500円+税

### sense of healing 癒しを仕事にする

スパ、アロマテラピー、リフレクソロジーなどの「癒し」がブームの今、ヒーリング界の第一人者である著者が、セラピストとして仕事をしていくために必要な知識と考え方をはじめて明かす!自然との共生、セラピストの魅力、セラピストの現実、ヒーリングの歴史、世界の癒し、セラピストになるための方法など、セラピストを目指す人から現在セラピストとして活動するすべての人に役立つ、必携の癒しバイブル書。

●藤田真規 著 ●四六判 ●192頁 ●本体1,200円+税

香りとタッチングで患者を癒す

### 臨床アロマセラピストになる

現在、病院や医療施設では、補完医療を導入し、一人ひとりの患者に合った治療を提供しようという動きが高まっています。アロマセラピーはその中でも注目度の高い補完医療のひとつ。アロママッサージによって患者の治癒をサポートする「臨床アロマセラピスト」の存在は、今後ますます重要になってきます。実際に臨床アロマセラピストの仕事につくためのノウハウを、日本で最も活躍する現役セラピストが体験をもとに紹介。

●相原由花 著 ●四六判 ●240頁 ●本体1,600円+税

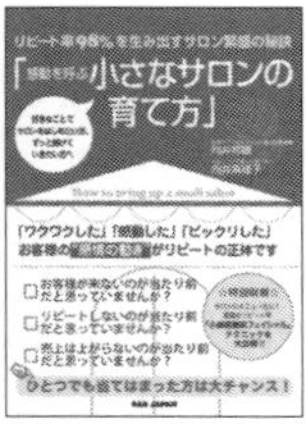


リピート率 98%を生み出すサロン繁盛の秘訣

### 感動を呼ぶ 小さなサロンの育て方

ハーブで独立開業も夢じゃない「ハーブセラピスト」への第1歩! お茶、料理などさまざまな場面で活用できるため、大人の女性を中心にいま最も注目が集まるハーブ。そのハーブを職業として活躍できる第一歩としてプロからも人気の資格取得試験に対応したテキストです。

●日本ハーブセラピスト協会 著／悦likely彩子 執筆・監修
●B5判 ●168頁 ●本体1,800円+税

## BOOK Collection

小さなサロンのための

# 『売り込まないネット集客の極意』

ネットを活用しているのに、イマイチ集客に結びつかない……。もしかしたらサロンを売り込もうと、無理してネットを使っていませんか?こんな困った問題を解決する、売り込まないネット集客の極意を一挙公開!今すぐ実践して、愛されサロンへと脱皮しちゃいましょう!数百のサロンを繁盛店に導いてきたコンサルタントが教える、ホームページ、SNS、ブログをカシコク活用する集客術を一挙公開!!

●穂口大悟 著　●A5判　●244頁　●本体1,500円+税

女性が幸せになるためのゼロから始める

# サロンしたたか開業術

「仕事だけじゃイヤ!」「でも家庭だけに収まるのもイヤ!」。そんなワガママを叶えてくれる粗利600万生活。仕事とプライベートをバランス良く保ちながら「粗利600万」を手に入れることは可能です!　著者の興味深い体験談を盛り込みつつ、充実した人生を送るためのノウハウが満載です。

●太田めぐみ 著　●四六判　●194頁　●本体1,300円+税

私らしいサロンを作る

# サロン開業! はじめの一歩。

30 名の一流セラピストたちと専門家13 名がサロン開業、運営、繁盛の四大秘訣を教えます。セラピスト誌に掲載されたサロン開業と運営の成功例とノウハウを満載した、サロン開業を夢みる女性のためのムックです。セラピスト編集部が12 年にわたり取材してきたサロン繁栄のエッセンスの集大成。読み応えのある一冊です。

●セラピスト編集部 著　●B5判　●168頁　●本体1,700円+税

現場を〝本当に知っている〟エステコンサルタントが生み出した!

# 新 サロン経営ノウハウ講座

年間 2,000 人のビューティーセラピストやサロン経営者がクチコミで集う人気の実践型プロ向け経営講座を初公開!!「接客マナー」「カウンセリング」「会話力」等のお客様へのアプローチ方法と「メニュー」「物販」「年間計画」などを紹介。

●森柾秀美 著　●四六判　●178頁　●本体1,600円+税

成功する **スパ&サロン マネージメント**

「成功法則はホスピタリティとブランド作りにある!」。経営者だから判る「理想のスパ、サロン」とは。セラピストだから判る「最上のホスピタリティを日々の業務で実現するマネージメント」とは。幾つものスパ·サロンを成功させた林伸光氏と、セラピストでもありトレーナーでもある松本理歩氏の 2 人が、現場目線で執筆した実用書。

●林伸光／松本理歩 共 著　●A5判　●186頁　●本体1,700円+税

## BOOK Collection

# セラピストの仕事と資格

### 今だから求められる、人に愛され役立つ職業

アロマ、整体、ビューティーセラピーの基礎から就職までを完全ナビ!／内容：Part1　資格を取得し活躍するセラピストの仕事を大公開!／ Part 2　癒しの仕事を目指す前に　セラピストの仕事と資格 AtoZ ／ Part 3　スクール・セミナー・通信講座 ――セラピストになる°ためのステップ／ Part 4　転職&就職ガイド

●セラピスト編集部 編　●A4変形判　●146頁　●本体838円+税

### 現代に求められるセラピストになるためのガイダンス

# 即実行! オンリーワンのセラピストになる!

「セラピストの学校」校長が、セラピストを目指す人&これからも活躍したいすべてのセラピストへ贈る!　あなたはどんなセラピストになりたいですか? 4つのタイプ×4つのスタイルで、セラピストを分類。サロンの間取り、スケジュール、アイテムなど、いま活躍中のセラピストたちの実例集が満載です。

●谷口晋一 著　●四六判　●196頁　●本体1,500円+税

# セラピストの手帖

### 「学べて、使える」オールジャンル・ハンドブック

14 名の実力派講師が各専門分野の基本を解説します。セラピストを目指す入門者にも、現役のセラピストにも、すぐに役立つ情報がこの一冊で学べます。本書は、様々なセラピー・療法に関わる基本知識やお役立ち情報を集めたセラピストのための便利な手帖です。自分の専門分野だけではなく、他ジャンルにも視野を広げることで、提供する技術に応用力・柔軟性・総合力を身につけることができ、クライアントから信頼されるセラピストになれます。

●谷口晋一 著　●四六判　●200頁　●本体1,500円+税

### 感じてわかる!

# セラピストのための解剖生理

「カラダの見かた、読みかた、触りかた」が分かる本。さまざまなボディーワーカーに大人気の講師がおくる新しい体感型解剖学入門!　カラダという不思議と未知があふれた世界を、実際に自分の体を動かしたり、触ったりしながら深く探究できます。意外に知られていないカラダのお役立ち&おもしろトピックスが満載!

●野見山文宏 著 / 野見山雅江 イラスト ●四六判　●180頁　●本体1,500円+税

### ダニエル・マードン式モダンリンパドレナージュ

# リンパの解剖生理学門

リンパドレナージュは、医学や解剖生理の裏付けがある科学的なメソッドです。正しい知識を持って行ってこそ安全に高い効果を発揮できます。本書は、セラピストが施術の際に活かせるように、リンパのしくみを分かりやすく紹介。ふんだんなイラストともに、新しいリンパシステムの理論と基本手技を解説しています。

●高橋結子 著　●A5判　●204頁　●本体1,600円+税

言葉ひとつでセラピーの効果が
劇的に変わる!

# 悩みの9割は「言い換え」で消せる

## 発想転換ワークブック

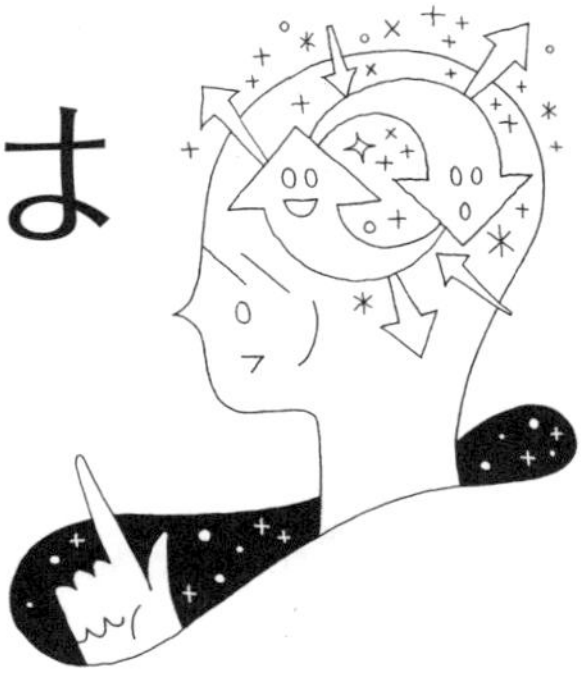

2015年11月5日　初版第1刷発行

著　者　国際メンタルセラピスト編
監　修　治面地 順子
発行者　東口 敏郎
発行所　株式会社ＢＡＢジャパン
〒151-0073 東京都渋谷区笹塚 1-30-11 中村ビル
TEL　03-3469-0135　FAX　03-3469-0162
URL　http://www.bab.co.jp/　E-mail　shop@bab.co.jp
郵便振替 00140-7-116767
印刷・製本　中央精版印刷株式会社


ISBN978-4-86220-943-6 C2077




■ Writer ／椎原澄
■ Cover Design& Illustration ／梅村昇史
■ DTP Design ／大口祐子